Skog Ogvann

Weil der Zufall Humor hat

Wolf & Delling

Die Deutsche Nationalbibliothek verzeichnet diese Publikation in der Deutschen Nationalbibliografie, detaillierte Informationen sind über http://dnb.d-nb.de abrufbar.

Alle Texte sind ohne die Verwendung einer KI entstanden.

3. Auflage Dezember 2024

www.wolfunddelling.de
www.skogogvann.de

Umschlaggestaltung: Maya Grünschloß
Lektorat: Maya Grünschloß
Satz: Danilo Schröder
Druck und Bindung: Sowa Sp.
Printed in Europe
ISBN: 978-3-981905-42-7

Der Junge, der aus Versehen einen Briefkasten verschluckte

Ich bin ein Clown, lehne an einem Briefkasten und frage mich, wann der Atomkrieg ausbricht. Da kommt der dicke Sascha Päng um die Ecke und legt seine Brotbüchse auf den Briefkasten. Warum siehst du denn aus wie ein Clown?, fragt er mich, zieht an meiner Clownsnase und lässt sie mir ins Gesicht schnippen.

Ist doch Fasching, antworte ich, nehme meine Clownsnase ab und schaue zu, wie er erst seine Schnitten und dann den Briefkasten verschluckt.

Du hast den Briefkasten verschluckt, stelle ich beeindruckt fest.

Ja, aber aus Versehen, sagt Sascha Päng und guckt ganz komisch.

Und weil ihn die Menschen jetzt anstarren, wird er wütend und tritt und schlägt nach ihnen. Doch so unbeweglich wie er ist, ist es ein Leichtes, seinen Schlägen und Tritten auszuweichen. Hier, sage ich und gebe ihm meinen aufgespannten Regenschirm. Und während er nun mit dem Schirm in der Hand vom Wind weggeweht wird und bald nur noch als kleiner Punkt am Himmel zu sehen ist, fängt es an zu regnen. Lieber Regen als Atomkrieg, denke ich und gehe nach Hause.

Ich war vielleicht sieben oder acht, als ich mir die Geschichte ausdachte, weil mir Sacha Päng auf dem Schulhof in den Bauch geboxt hatte. Wahrscheinlich wusste ich damals noch nicht, was Fantasie ist, aber ich hatte reichlich davon. Und mit ihr träumte ich mich durch meine Kindheit. Vielleicht war ich ein Einzelgänger, weil ich so viel träumte. Oder ich träumte so viel, weil ich ein Einzelgänger war. Niemand wollte etwas mit mir zu tun haben und ich war nicht unglücklich darüber.

Obwohl – Träumer sind nie Einzelgänger, sie werden von den Helden ihrer Träume begleitet, träumen sich fort mit den Helden aus den Büchern, die sie lesen.

Und vielleicht hätte ich mich nie wieder an diese Geschichte erinnert, wenn ich Sascha Päng nicht viele Jahre später in der Straße gesehen hätte, in der meine Eltern wohnten. Sascha Päng ging von Haus zu Haus und stellte Briefe für einen alternativen Briefdienstleister zu. Und während er so von Briefkasten zu Briefkasten ging, pfiff er ein Liedchen und wirkte recht zufrieden.

Liebessymbolik entbehrt jeder Komik

Ich habe mich in ein weißes Baumwollbettlaken gehüllt, habe Flügel aus Gänsefedern auf dem Rücken, einen Flitzebogen in der Hand und eine Perücke mit goldglänzenden Löckchen auf dem Kopf. Flügel und Perücke habe ich im Internet bestellt, den Flitzebogen habe ich aus dem kleinen, süßen Spielzeugladen um die Ecke. Schön, dass es solche Läden noch gibt. Obwohl ich da keine Illusionen habe, bald wird auch dieser kleine, süße Spielzeugladen verschwunden sein, wenn die Leute weiterhin ihre Perücken und Engelsflügel im Internet kaufen.

So stehe ich am Fußende des Bettes und betrachte meine Freundin. Wenn sie schläft, dann sieht sie immer noch gut aus. Sie trägt ein transparentes Negligé. Zum Glück liegt sie auf dem Rücken, so sehe ich ihr Arschgeweih nicht durchschimmern. Dafür sehe ich ihre niedliche Stupsnase.

Ja, Anna hat eine niedliche Stupsnase, denke ich und lege den Pfeil in die Auflage, spanne den Bogen und ziele auf ihren Kopf.

Es fluppt ganz leise, der Pfeil hat sich an ihrer Stirn festgesaugt, und jetzt sieht sie aus wie ein schlafendes Einhorn.

Doch sie wirkt überrascht, als sie im nächsten Moment den Pfeil von ihrer Stirn zieht und mich mit großen Augen anschaut.

Ich bin Amor, der römische Liebesgott, erkläre ich ihr, und ich habe dich gerade mit meinem Liebespfeil getroffen.

Da trifft mich unvermittelt ihr zorniger Blick. Sie lässt den Pfeil achtlos zu Boden fallen, steht auf und geht wortlos an mir vorüber.

In solchen Momenten finde ich es immer schade, dass sich Anna nichts aus Romantik macht. Zugegeben, ich komme mir gerade selbst ein bisschen blöd vor. Aber wenn die Liebe im Alltag einschläft, muss man sie eben wieder aufwecken. Anna und mich, uns begleiten so viele gemeinsame Erinnerungen, wir haben so viele schöne Stunden miteinander verbracht, da wäre es doch feige, nicht um diese Beziehung zu kämpfen. Und weil Anna in letzter Zeit oft Migräne bekommt und immer Kopfschmerzen hat, wenn ich mal mit ihr … also mit ihr reden möchte, kämpfe ich jetzt eben mit den Symbolen der Liebe um ihre Zunei…

Ein dumpfer Schlag reißt mich aus meinen Gedanken. Ich eile ins Wohnzimmer und sehe Anna auf dem Boden liegen, sie ist wohl auf einer der Lilien ausgerutscht, die ich hier überall verstreut habe. Vorhin war das so ein schönes Bild, dieser Teppich aus 2316 weißen Lilien, eine Lilie für jeden Tag unserer Beziehung. Aber jetzt liegt Anna da auf dem

Boden und guckt irgendwie komisch. Und jetzt finde ich das Bild gar nicht mehr so schön.

Weiße Lilien, erkläre ich ihr, sind die Wächter der Liebe und der ehelichen Verbundenheit.

Mit weißen Lilien bepflanzt man Gräber, entgegnet Anna. Sie erhebt sich schwerfällig vom Boden und humpelt weiter Richtung Bad.

Anna braucht sehr lange, bis sie ins Bad gehumpelt ist.

Sie hätte wenigstens kurz lächeln können, finde ich und bestelle telefonisch einen kleinen Container für die Entsorgung der 2316 Lilien; dann fange ich an, die Lilien einzusammeln und schon mal aus dem Fenster zu werfen.

Kannst du mich bitte zum Arzt fahren?, fragt mich Anna, da ich gerade die letzten Lilien aus dem Fenster geworfen habe. Mein Zeh, ich glaube, er ist gebrochen.

Und tatsächlich sieht ihr großer rechter Zeh nicht gut aus, er ist geschwollen und blau angelaufen. Reflexartig blicke ich hinunter zu meinem großen rechten Zeh und finde ihn viel hübscher als ihren.

Anna braucht sehr lange, bis sie die Treppe hinuntergehumpelt ist.

Vor dem Haus steht Herr Rosenpfennig, vom Blumenhaus Rosenpfennig, und sammelt die Lilien ein. Und jetzt ärgere ich mich ein bisschen, dass ich den teuren Container bestellt habe.

Eigentlich ist es nicht weit bis zum Krankenhaus, aber ich habe mir überlegt, einen kleinen Umweg zu nehmen und fahre zu dieser alten, romantischen Holzbrücke am Auwald.

Warum halten wir denn hier?, fragt Anna.

Das ist eine Abkürzung, behaupte ich und eile, um ihr beim Aussteigen zu helfen.

Anna braucht sehr lange, bis sie zur Brücke gehumpelt ist.

Früher bin ich oft hier gewesen, früher, als man die Brücke noch betreten durfte. Doch inzwischen ist sie gesperrt, weil so viele Liebespaare Vorhängeschlösser an das Brückengeländer gehängt haben und die Brücke nun unter der Last der Vorhängeschlösser einzustürzen droht.

Aber ich finde es spannend, etwas Verbotenes zu tun. Und vielleicht ist das ja genau der Kick, den unsere Beziehung jetzt braucht. Und so steigen wir über das Absperrband und gehen auf die Brücke.

Anna braucht sehr lange, bis sie zur Mitte der Brücke gehumpelt ist.

Sie wirkt überrascht, als ich im nächsten Moment ein Vorhängeschloss aus meiner Umhängetasche hole. Ich habe es im Internet gekauft und zwei Herzen und unsere Namen eingravieren lassen.

Mein Schatz, hast du Schmerzen?, frage ich beunruhigt, weil sie mich so merkwürdig anguckt. Da reißen plötzlich die Bohlen unter unseren Füßen, das

Gebälk krächzt und schon fallen erste Gesteinsbrocken in den Fluss.

Die Brücke, Anna, wir müssen hier weg, sage ich ganz ruhig, um eine Panik zu vermeiden, dann renne ich los.

Anna braucht sehr lange, bis sie fast von der Brücke gehumpelt ist.

Und als die Brücke nun mit reichlich Lärm einstürzt und Anna zusammen mit all dem Gebälk und Gestein und all den Bohlen und Vorhängeschlössern in die Tiefe gerissen wird, sehe ich einen Eisvogel an mir vorüberfliegen. Gedankenschnell reiße ich mir die Engelsflügel vom Rücken, doch als ich sie meiner lieben Anna zuwerfen will, hat der Fluss meine liebe Anna schon aufgefressen.

Ich stehe noch sehr lange vor dieser eingestürzten Brücke und starre ungläubig auf den schließlich wieder so friedlich vor sich hin plätschernden Fluss, dann streiche ich mir die Tränen von der Wange und gehe zurück zum Auto. Ich brauche weiße Lilien, denke ich, bestimmt hat das Blumenhaus Rosenpfennig weiße Lilien im Angebot.

Tofu-Tag

…-vier-fünf-sechs-sieben. Sieben Leute stehen vorm Fahrstuhl. Obwohl nur sechs mitfahren dürfen. Steht ja auf dem Schild im Fahrstuhl, dass nur sechs mitfahren dürfen. Mehr passen ja auch gar nicht rein. Ein maximal zulässiges Gesamtgewicht steht auch auf dem Schild. Aber das kann ja niemand nachprüfen. Und am Ende lügen ja sowieso alle, wenn man sie fragt, wie viel sie denn wiegen.

Julchen Müller aus der Verwaltung hätte ich fast übersehen. Aber ich habe das Klackern ihrer Stricknadeln gehört. Sie steht hier vorm Fahrstuhl und strickt; also ’n bisschen komisch finde ich das ja schon. Aber andererseits, mittwochs, da strickt Julchen Müller ja immer. Beruhigt bestimmt, das Stricken, jedenfalls wirkt Julchen Müller ganz entspannt.

Lotte Klinger aus der Beschaffung dreht sich zu mir um. Kleinigkeiten sind das Größte im Leben, sagt sie und gibt mir einen Kugelschreiber. Sie schaut mich an, irgendwie erwartungsvoll, und ich weiß nicht, was ich jetzt machen soll. Wusstest du, fragt sie mich, dass eine schwangere Frau genauso viel Milch gibt wie eine Kuh?

Ich schüttle den Kopf, zähle noch mal: …-vier-fünf-sechs-sieben. Sieben Leute. Ausgerechnet heute. Und da habe ich mich noch gar nicht mitgezählt.

Braggemann aus der Buchhaltung kaut auf seiner Faust rum. Hat wohl Hunger, der Braggemann. Dabei kommt der doch gerade aus der Kantine. Aber so ist der eben, der Braggemann, mittwochs, da ist der immer ’n bisschen komisch. Letzten Mittwoch zum Beispiel, als wir hier zusammen vorm Fahrstuhl standen, da hat der mich gefragt, ob das der Check in für den Flug nach Budapest ist. Ich dachte natürlich, der will mich verarschen und hab gesagt: Ja, hier gehts nach Budapest. Da hat der sein Telefon aus der Hosentasche gezogen und auf Flugzeugmodus gestellt und mir dann erzählt, wie gern er Gulasch, echtes ungarisches Gulasch isst.

Lotte Klinger dreht sich wieder zu mir um. Schmeckt nach Leberkäse, sagt sie und gibt mir einen angenagten Kugelschreiber. Ich stecke ihn vorsichtshalber ein, nicht dass sie ihn noch aufisst.

Sieben Leute. Das gibt bestimmt gleich Stress. Sind ja mittwochs immer so gereizt, die Kollegen, wenn sie aus der Kantine kommen.

Ja, wenn der Fahrstuhl nicht gleich kommt, weil er nicht gleich kommt, ja, dann kommt er halt später, sagt Julchen Müller indes ganz entspannt. Ich sehe ihr beim Stricken zu und denke, dass es vielleicht besser wäre, wenn er gar nicht kommt, weil ja nicht alle reinpassen und das ja doch nur Stress gibt. Aber ich hör ihn schon, gleich bingts.

Bing, sagt Schulze aus'm Wareneingang und schiebt sich an der dicken Döbbe-Dengler vorbei Richtung Fahrstuhl.

He, he, he, jetzt mal sachte mit den jungen Pferden, beschwert sich Döbbe-Dengler. Und Schulze guckt ganz grimmig.

Was denn, was denn, was denn?, fragt er. Er ist viel kleiner als Döbbe-Dengler. Vielleicht steht er deshalb auf Zehenspitzen. Damit Döbbe-Dengler Respekt vor ihm hat.

Hat sie aber nicht. Du bist doch nicht der einzige hier, der mitfahren will, sagt Döbbe-Dengler streng, Frauen und Kinder zuerst.

Ich frag mich, warum Döbbe-Dengler jetzt gleich so streng sein muss und so laut, Schulze steht doch direkt neben ihr. Aber so ist das eben am Tofu-Tag, da sind die Leute gereizt, da sind die Leute aggressiv, da sind die halt laut.

Du willst wohl auch mit oder was?, fragt Schulze.

Na, denkst du vielleicht, ich steh zum Spaß hier?, fragt Döbbe-Dengler.

Beide gucken sich böse an. Und ich denke: Tofu. Tofu, denke ich, so aggressiv sind die Leute nur, wenn sie in der Kantine Tofu essen müssen.

Schulze wippt, er wippt auf Zehenspitzen, guckt Döbbe-Dengler an. Wenn ich so fett wär wie du, sagt er schließlich, dann würd ich hoch laufen!

Oh, oh. Plötzlich hat es keiner mehr eilig, in den Fahrstuhl zu kommen. Stehen alle da und gucken,

gucken Schulze an, gucken Döbbe-Dengler an. Julchen Müller aus der Verwaltung hat sogar aufgehört zu stricken. Wenn ihre Stricknadel jetzt runterfallen würde – den Aufprall könnte man hören.

Natürlich bin ich gespannt, wie Döbbe-Dengler reagiert. Sie guckt Schulze mit großen Augen an, holt Luft, als ob sie den Fahrstuhl gleich wieder zurück in den dritten Stock pusten wolle, und … Und wenn ich so viel fremdvögeln würde wie du, sagt sie zu Schulze, dann würd ich hoch fliegen.

Ich muss schmunzeln. Und Julchen Müller aus der Verwaltung fängt an zu grunzen. Sie schlägt sich mit ihren Stricknadeln auf die Oberschenkel und grunzt. Wie ein Schwein grunzt sie, ausgerechnet heute, am Tofu-Tag, grunzt Julchen Müller aus der Verwaltung wie ein Schwein.

…-drei-vier-fünf-sechs Leute gackern, quieken, grunzen. Nur Schulze nicht, der hat ganz rote Wangen. Und sogar Döbbe-Dengler lacht. Aber das sieht nicht gut aus, wenn die lacht; ihr ganzer Körper wackelt und ihre kurzen, dicken Ärmchen zucken wie die neue CNC-Universalfräsmaschine in Halle B.

Alle lachen Schulze aus. Und Schulze guckt wie jemand, der gerade ausgelacht wird.

Was hat er denn jetzt?, denke ich und gucke Schulzes ausgestrecktem Arm hinterher. Ich werd verrückt, sagt er, ’ne Salami. Und tatsächlich sieht die zusammengerollte Zeitung in Braggemanns Hand wie eine ungarische Salami aus.

Eine Salami, sagt Julchen Müller und lässt ihr Strickzeug fallen.

Eine Salami?, fragt Braggemann und guckt sich um, sieht aber keine Salami, natürlich sieht er keine Salami, er sieht nur …-drei-vier-fünf-sechs Kollegen, die langsam auf ihn zukommen.

Braggemann, schmeiß die Zeitung weg!, ruf ich noch, aber es ist schon zu spät, sie stürzen sich schon auf ihn, oder vielmehr auf seine ungarische Salami, die ja eigentlich gar keine ungarische Salami ist. Mein Kollege Braggemann aus der Buchhaltung, so ein netter Mann, und jetzt liegen da …-drei-vier-fünf-sechs Kollegen auf ihm und fressen seine Zeitung auf. Sie ziehen sich an den Haaren, spucken sich an, schreien, beißen, treten.

Natürlich bin ich entsetzt, ich gehe ein paar Schritte zurück, Julchen Müllers Wolle rollt auf mich zu, ich hebe sie auf und gehe zum leeren Fahrstuhl. Bloß weg hier, schnell weg hier, denke ich. Dann geht endlich die Tür zu, ich schließe die Augen und atme tief durch, Tofu, denke ich, Tofu macht aggressiv, wir sollten in Zukunft alle wieder mehr Fleisch essen.

Glück ist, zu begreifen, wie wenig ich brauche und wie viel ich habe

Ich vermute, es gibt zwei Gründe, warum Menschen Blutplasma spenden. Entweder ist es erstens – das Gewissen: das Gefühl moralischer Verpflichtung; die Wahrnehmung seiner selbst als Altruist. Oder es ist zweitens – das Geld, das als Aufwandsentschädigung für so eine Plasmaspende gezahlt wird. Bei mir ist es drittens – Felizia. Ich habe Felizia bei einer Faschingsveranstaltung kennengelernt, als wir beide mit einer Infusion am Arm nebeneinander im DRK-Zelt lagen. Ich fand sie ziemlich hübsch, wie sie da so am Tropf hing, in ihrem vollgekotzten Krankenschwester-Kostüm. Und als sie mich noch auf der Pritsche fragte, ob ich nicht Lust hätte, mal mit ihr zum DRK zu gehen, um Blutplasma zu spenden, so als Dankeschön für die nette Betreuung hier im Zelt, da sagte ich spontan zu.

Verrückt, das ist nur drei Tage her und trotzdem hätte ich sie vorhin fast nicht wiedererkannt. Nüchtern und schlicht in Schwarz gekleidet, wirkt sie viel seriöser, viel souveräner als besoffen und im Krankenschwester-Kostüm.

Dieser Saal, in dem wir uns gerade befinden, ist bestimmt dreieinhalb Meter hoch, Wände und Decke sind weiß gestrichen. Umso irritierter bin ich, als ich

Blutspritzer an der Decke sehe. Eigentlich ein hübsches Bild, die Blutspritzer erinnern an einen Sternenhimmel. Aber ich kann auch eins und eins zusammenzählen und komme prompt zu dem Ergebnis, dass dieses Blut einem Plasmaspender gehörte.

An der Wand gegenüber hängt ein eingerahmter Spruch: Glück ist, zu begreifen, wie wenig ich brauche und wie viel ich habe.

Felizia liegt links neben mir, sie hat Glück, ihr wird von einer kleinen, untätowierten Frau mit einer Kanüle sauber in die Armvene gestochen und jetzt läuft das Blut in ein Gerät, in dem das Plasma vom übrigen Blut getrennt wird. Die Studentin rechts neben mir hat Pech, ihr wird von einer großen, nervös lächelnden Frau auch mit einer Kanüle in den Arm gestochen, aber die Frau trifft die Vene nicht und so muss sie die Kanüle immer wieder herausziehen und neu ansetzen. Die Frauen tun mir beide leid. Die eine, weil sie die Vene nicht trifft; die andere, weil ihre Vene nicht getroffen wird.

Und während ich da so liege und warte und die beiden Frauen bedaure, hoffe ich, dass ich dann von der kleinen und nicht von der großen Frau gestochen werde.

Da verlässt die kleine Frau plötzlich den Saal und jetzt wünsche ich mir heimlich, dass die große Frau noch so lange die Vene der Studentin nicht trifft, bis die kleine Frau zurück ist, damit ich dann von ihr gestochen werde und nicht vorher schon von der großen.

Sag mal, ist alles gut bei dir?, frage ich Felizia, um mich von dem schmerzverzerrten Gesicht der Studentin abzulenken.

Na ja, ich weiß nicht, guck doch mal, wie viel Blut in meinem Behälter ist, sagt Felizia. Und wie schnell das fließt, das ist doch nicht richtig, oder?

Vielleicht hat die Kanüle ’nen zu großen Durchmesser, spekuliere ich.

Einen zu großen Durchmesser?, fragt Felizia.

Tatsächlich ist Felizias Behälter sehr voll. Vorhin bei der Untersuchung hat uns Dr. Müller gesagt, dass aus 600 bis 800 Millilitern Vollblut, je nach Körpergewicht, also bei Felizia eher nicht so viel, weil sie ja klein und zierlich ist, das Blutplasma herausgefiltert und die restlichen Blutbestandteile zusammen mit einer Kochsalzlösung zurück in den Körper geführt würden. Aber in diesem Behälter sind mindestens drei, ja eher vier Liter Blut und der Behälter wird immer voller und Felizia immer blasser.

Und um sie ein bisschen aufzumuntern, sage ich: Hey, Glück ist, zu begreifen, wie wenig Blut man braucht und wie viel Blut man hat.

Aber wie viel Blut hat denn ein Mensch normalerweise?, fragt Felizia mit flacher, kraftloser Stimme.

Und um sie zu beruhigen, antworte ich: Etwa hundert Liter. Doch Felizia reagiert schon nicht mehr. Felizia?, frage ich, aber ganz leise, um die große Frau nicht beim Stechen zu erschrecken. Felizia, das bedeutet „die Glückliche“, doch so glücklich sieht Felizia gerade gar nicht aus. Und deshalb möchte ich sie jetzt auch gar nicht mit ihrem Namen ansprechen, das klänge dann wohl ironisch. Du, sage ich. Und weil sie immer noch nicht reagiert, rufe ich schließlich nach Dr. Müller.

Haha!, freut sich da plötzlich die große Frau. Jetzt hab ich dich, du Schlingel.

Du Schlingel?, frage ich mich. Aber dann verstehe ich, dass die Vene der Studentin der Schlingel ist.

Da kommt die kleine, untätowierte Frau zurück in den Saal, sie sieht mich winken, sie sieht den überlaufenden Blutbehälter, sie sieht Felizia und schlägt die Hände über dem Kopf zusammen. Dr. Müller! Dr. Müller!, ruft sie und wenig später stehen mehrere Frauen und Männer um Felizia herum und wirken alle recht angestrengt.

Solche Zwischenfälle gibt es bestimmt sehr selten, ist halt Spenderrisiko, denke ich und mache mich still und heimlich aus dem Staub.

Auf dem Heimweg werde ich von einem Mann angesprochen, ob ich nicht der Lümmel sei, der diesen Text über diese Blutplasmaspende geschrieben habe. Und ob mir denn nicht bewusst sei, wie verantwortungslos es sei, solch einen Text zu schreiben; einen Text, der die Menschen ängstige und schließlich davon abhalte, Blutplasma zu spenden.

Und weil ich die Erregung des Mannes doch irgendwie nachvollziehen kann, verspreche ich ihm, in dem Text noch zu erwähnen, dass ich mir das alles nur ausgedacht habe.

Tristesse

Es war Luisas Idee. Weil Luisa meinte, dass der fünfte Jahrestag unserer Liebe doch etwas Besonderes sei und dass wir deshalb doch auch mal etwas Besonderes zusammen machen könnten, zum Beispiel mit dem Tandem durch Österreich fahren, weil so eine Tandemfahrt über die höchsten Pässe der Alpen, mit all den Beschwerlichkeiten bergauf und all den Glücksgefühlen bergab, ja so bezeichnend für unsere Liebe sei, in der es ja auch so viele Höhen und Tiefen gegeben habe, fahren wir jetzt eben mit dem Tandem über die Alpen.

Warum fahren wir denn so schnell?, fragt mich Luisa, als wir gerade mit Tempo 70 von irgendeinem dieser vegetationslosen Alpengipfel die Straße hinunter ins Tal rollen.

Weil der Bowdenzug gerissen ist, antworte ich.

Der Bowdenzug?, fragt Luisa. Aber der ist doch vor fünf Minuten schon gerissen.

Ja, vor fünf Minuten, da ist der Bowdenzug der Hinterbremse gerissen, antworte ich, aber der Knall eben, das war der Bowdenzug der Vorderbremse.

Und jetzt?, fragt Luisa.

Jetzt müssen wir sterben, antworte ich.

Das ist schade, sagt Luisa.

Und wenn es etwas gibt, das ich nach diesen fünf Jahren immer noch an Luisa schätze, noch an ihr liebe, dann ist das dieser Gleichmut, dann ist das diese Gelassenheit, diese Ruhe, mit der sie auf all die Schicksalsschläge, auf all die Katastrophen des Lebens reagiert.

Das Schutzblech röchelt, klappert leise, / der Fahrtwind säuselt eine Weise / laues Mitleid in mein Ohr, / ich lächle stumm und stell mir vor, / ich wär ein Spatz und könnte fliegen, / die Schwerkraft besiegen, / mich jauchzend in die Luft erheben / und über allen Wipfeln schweben.

Und wie ich mir nun so vorstelle, auf leisen Schwingen über Berg und Tal zu fliegen, lasse ich den Lenker los und breite die Arme aus, atme tief ein und schließe die Augen und … und öffne sie wieder, weil ich nichts sehe.

Liebst du mich noch?, fragt Luisa, und ich bin nicht mal überrascht, genau mit dieser Frage habe ich jetzt gerechnet, genau solche Fragen stellt man dem Partner wohl, wenn man dem Tod ins Auge blickt.

Ich indes blicke auf den Fahrradcomputer, wir fahren 89 Stundenkilometer, also zu schnell, um den Unfall, der unausweichlich ist, irgendwie zu überleben. Und weil ich nicht als Lügner sterben möchte, antworte ich: Nun ja, Luisa, also, das ist ja so, wir sind ja nun schon ziemlich lange zusammen und mit der Zeit … also, mit der Zeit, da wird so eine Beziehung eben gewöhnlich, da schläft die Liebe eben ein, das Begehren, du weißt, was ich meine, es liegt ja nicht an dir, aber …

Weißt du noch, unterbricht sie mich, unser Afrika-Urlaub, als ich mit diesem stattlichen, gut aussehenden senegalesischen Animateur Volleyball gespielt habe? Wir haben gar kein Volleyball gespielt, wir haben …

Weißt du noch, unterbreche ich sie, weil ich nicht hören möchte, was sie stattdessen mit diesem stattlichen, gut aussehenden senegalesischen Animateur gemacht hat, diese elektrische Pfeffermühle, die uns deine Eltern zu Weihnachten geschenkt haben? Die ist gar nicht einfach so kaputtgegangen, ich habe sie zerstört, jawohl, zerstört habe ich sie, weil ich es nicht mehr ertragen habe, dieses Geräusch, dieses fürchterliche Geräusch, wenn man …

Weißt du noch, unterbricht sie mich, unser Brasilien-Urlaub, als wir da bei diesen Wasserfällen waren und ich mich mit diesem stattlichen, gut aussehenden irischen Rugby-Spieler im Dschungel verlaufen habe? Wir haben uns da gar nicht verlaufen, wir haben …

Weißt du noch, unterbreche ich sie, weil ich nicht hören möchte, was sie stattdessen mit diesem stattlichen, gut aussehenden irischen Rugby-Spieler gemacht hat, dieser Staubsauger, den uns deine Eltern zu Weihnachten geschenkt haben? Der ist gar nicht einfach so kaputtgegangen, ich habe ihn zerstört, jawohl, zerstört habe ich ihn, mit Absicht, so! Weil ich es nämlich nicht mehr ertragen habe, dieses Geräusch, dieses fürchterliche Geräusch, wenn man …

Weißt du noch, unterbricht sie mich, unser Ostsee-Urlaub, als mich diese zwei stattlichen, gut aussehenden Fischer auf ihrem Kutter mit zum Fischfang raus aufs Meer genommen haben? Wir haben gar nicht gefischt, wir haben gevö…

112 km/h, holy shit!, rufe ich, weil ich nicht hören möchte, was sie mit diesen zwei stattlichen, gut aussehenden Fischern gemacht hat. Und während ich so denke, huh, 112 km/h, das ist aber schnell, fällt mir ein, dass ich ja noch einen Bowdenzug in der Satteltasche habe. Ich schaue die Straße hinunter, bis zur nächsten Kurve sind es etwa hundert Meter, bei einer Geschwindigkeit von 112 km/h heißt das, ich habe noch gut drei Sekunden bis zur Kurve. Das schaffe ich, denke ich, hole flugs den Bowdenzug aus der Satteltasche und wechsle ihn geschwind, doch da haben wir auch schon den Scheitelpunkt der Kurve erreicht und schießen im nächsten Augenblick schnurstracks über den Abhang und über die lichten Wipfel verkrüppelter Kiefern und … und stürzen in einen dieser Heuschober, die hier überall rumstehen.

Tut es nicht gut, mal so ein klärendes Gespräch zu führen?, fragt mich Luisa wenig später, als wir beide bis zur Hüfte im Heu stecken.

Doch, antworte ich, ist superwichtig in einer Beziehung.

Und während ihr ein stattlicher, gut aussehender österreichischer Bauer die Hand reicht, um sie aus dem Heu zu ziehen, kackt mir ein Vogel auf den Rucksack, den uns ihre Eltern zu Weihnachten geschenkt haben. Da schaue ich zum Himmel, sehe den Vogel und denke: Ach, wie schön ist es zu fliegen, / die Schwerkraft zu besiegen, / in die Lüfte sich erhebend / und über allen Wipfeln schwebend, / mit sich und der Natur allein, / grenzenlos und frei zu sein.

Weil der Zufall Humor hat

Ach, wie schön ist es zu fliegen, / die Schwerkraft zu besiegen, / in die Lüfte sich erhebend / und über allen Wipfeln schwebend, / mit sich und der Natur allein, / grenzenlos und frei zu sein, denke ich, während ich bei Aldi an der Kasse stehe und mit ausgestrecktem Arm einer verirrten Amsel zeige, wo die Tür und ihr Weg in die Freiheit ist.

Der alte Mann vor mir hat eine Bild-Zeitung in der Hand. Was ist das?, fragt er die Kassiererin.

Das ist eine Zeitung, eine Bild-Zeitung, antwortet die Kassiererin.

Der alte Mann aber schüttelt nun den Kopf und sagt: Nein, keine Zeitung, Idiotie / ist die Bild, der Agonie / Spiegel, gleichwohl Widerhall, / sie zeugt vom Elend, vom Zerfall, / vom Untergang einer Kultur, / ist auf der Schicksalspartitur / die Stimme barer Depression, / des Kontrabasses tiefster Ton, / ist Sinnbild dieser schlimmen Zeit, / der Dummheit, / ja, all der Trostlosigkeit.

Hm – und kaufen Sie die Zeitung jetzt trotzdem?, fragt die Kassiererin.

Der Mann denkt kurz nach. Dann legt er das Geld aufs Kassenband, nimmt die Zeitung und geht.

Der Alte ist gerade weg, / da kommt ein Polizist ums Eck / und wenig später noch ein zweiter, / als

Begleiter. / Da sagt der erste Polizist, / der wohl der Chef des zweiten ist: / Ähm, ich frag jetzt mal ganz unverhohlen, / verkaufen Sie hier auch Pistolen?

Ja, sagt die Kassiererin, die liegen hinten rechts bei den Autobomben, im Regal unter den Konfitüren.

Und während sie den Polizisten nachschaut, lege ich eine Packung Kondome auf das Kassenband und sage: Hallo.

Die Kassiererin guckt mich an und fragt: Warum haben Sie einen Apfel in der Nase?

Weil ich Sie liebe, antworte ich. Und während wir nun Blicke tauschen / und nun dem Klang der Kasse lauschen, / flackert schon die Leidenschaft, / ja, diese sinngebende Kraft, / die das Leben hier entfacht / und Verliebte aus uns macht. / Oh, wie wunderschön sie ist, / oh, wie entbehrungsreich, wie trist / war doch mein Leben ohne sie, / selbst Schumanns 3. Sinfonie / könnt' mich niemals so berauschen, / wie diese …

Fremder, sagt sie, ich weiß nicht, wer du bist oder wo du herkommst, wo du hinwillst und was du machst. Drei Mal bist du an meiner Kasse vorbeigegangen, drei Mal in zehn Minuten. Was für ein Mann bist du? Ein Mann wie ein Moment, plötzlich und unbeständig, der eben einfach so da ist und dann doch wieder vorbeigeht? Du denkst, du wärst verliebt, verliebt in mich?

Ich nicke. Und wie ich nun so nicke, explodiert hinten rechts bei den Konfitüren eine Autobombe.

Flammen lodern auf, / sie steigen hinauf / zu den Marmeladen, / und Brandrauchschwaden / wabern umher, / es knallt, es blitzt / und immer mehr / Wasser spritzt / aus kleinen Behältern, / die an Feuermeldern / hängen, / Menschen drängen / mit vollen Taschen aus dem Laden, / ohne das bezahlt zu haben, / was sie da so mit sich tragen.

Die Kassiererin aber lächelt mich an und sagt: Oh, Fremder, verliebe dich nicht, nicht in mich. Weißt du, ich bin auch nur eine Ahnung, nur ein ganz kurzer Blick, nur ein gesprochenes Wort, nur ein Handschlag, nur eine Geste, ein einfaches Mädchen, das den ganzen Tag schaut und träumt und …

Da zupft mich eine alte, sehr zierliche Frau am Ärmel, sie guckt die Kondome an und mustert die Kassiererin, dann zwinkert sie mir zu und sagt: Ach, junger Mann, für heute Nacht, / da rate ich, geben Sie acht, / wie sich diese Frau verhält, / ist sie schüchtern oder stellt / sich recht unbeholfen an, / ja, also dann / sollte das der Nachweis sein, / dass sie in der Jugend ein / doch recht braves Mädchen war / und Besserung ist absehbar, / denn mit der Übung und der Zeit / kommt auch die Geschicklichkeit.

Und während ich nun verlegen zu Boden schaue, fragt ein Mann am Ende der Schlange: Ey, wie lange redet ihr noch? Ich habe keine Zeit, das Feuer breitet sich aus und ich habe einen Kollegen im Auto, der macht sich bestimmt Sorgen.

Inzwischen hat sich die alte Frau zu dem Mann umgedreht, sie lächelt ihn an und sagt: Guter Mann, ihr dicker Bauch, / sicherlich haben Sie auch / Angst vor einer Rezession / und deshalb vorsichtshalber schon / mal paar Schnitzel mehr gegessen, / sich paar Pfunde angefressen, / im Hinblick auf die schlimme Zeit / und die Lebensmittelknappheit.

Ich muss schmunzeln. Dann nehme ich den Apfel aus der Nase, lege das Geld für die Kondome aufs Kassenband und sage zu der Kassiererin: Also, wenn wir uns verlieben sollten, du dich in mich, dann weil der Zufall Humor hat, und ich mich in dich, dann weil jedes deiner Worte wie eine heitere Ahnung ist und weil du mich an Schumanns 3. Sinfonie erinnerst. Und weil wir zwei, du und ich, noch ein bisschen an die große, an die wahre Liebe glauben.

Glück ist wie ein Vogel – wer es nicht ergreift, dem fliegt es davon

Bist du glücklich?, fragt mich Juliane, als wir in einem Vergnügungspark an einem chinesischen Schnellimbiss stehen und frittierte Frühlingsrollen essen.

Die Frage überrascht mich. Und weil Glück ein doch recht unübersichtlicher Begriff ist und ich nicht weiß, was ich antworten soll, lese ich den Spruch aus meinem Glückskeks vor: Glück ist wie ein Vogel – wer es nicht ergreift, dem fliegt es davon.

Das ist so wahr, sagt Juliane und liest den Spruch aus ihrem Glückskeks vor: Wahre Worte sind nicht angenehm, angenehme Worte sind nicht wahr.

Sie schaut mich an und nickt, breitet ihre Arme aus und bewegt sie auf und ab, als ob es Flügel wären, dann geht sie zu einem Kettenkarussell. Ich gehe ihr hinterher und setze mich auf den Sitz neben sie.

Du, sagt sie, als das Karussell losgefahren ist, ich glaube, wir haben uns auseinandergeliebt, ich liebe dich nicht mehr.

Juliane und ich, wir haben uns vor zwei Wochen in einer Kaufhalle kennengelernt. Und jetzt frage ich mich, wann in dieser Zeit wir uns wohl auseinandergeliebt haben.

Ich finde ja, man sollte überhaupt keine Vögel ergreifen, das ist Tierquälerei, sage ich eine ganze Weile später und lasse meinen Blick die dünnen Ketten ihres Sitzes hinaufklettern.

Und während ich noch so denke, hui, hoffentlich reißen die dünnen Ketten nicht, reißen plötzlich die Ketten an Julianes Sitz, und jetzt wird sie aus dem Karussell und über die dichten Wipfel knorriger Bäume eines nahen Auwaldes geschleudert, bis sie schließlich als kleiner schwarzer Punkt in den dahinter liegenden See stürzt.

Sie ist eine sehr gute Schwimmerin, glauben Sie mir, sie ist eine sehr gute Schwimmerin, beruhige ich die schockierten Menschen auf den Sitzen hinter mir.

Es dauert eine Weile, bis das Karussell angehalten hat. Ich steige aus, und weil ich inzwischen glaube, dass solche Glückskeksbotschaften eine tiefere Bedeutung haben, gehe ich zu dem chinesischen Schnellimbiss und bestelle mir einen Glückskeks. Die frittierten Frühlingsrollen, die ich zum Keks bekomme, lasse ich mir einpacken, dann gehe ich zu einem Kinderkarussell.

Keine zehn Pferde kriegen mich in diesen Vergnügungspark, habe ich noch gestern zu Juliane gesagt, keine zehn Pferde. Um nun in diesem Vergnügungspark auf einem Holzpferd zu sitzen. Wäre ich doch nur konsequent geblieben, denke ich, dann müsste Juliane jetzt nicht mit Stöckelschuhen durch diesen See schwimmen. Ich öffne den Glückskeks und lese den Spruch leise vor: Ein glücklicher Mensch ist, wer sein Kinderherz nie verliert.

Der kleine Junge auf dem Pferd neben mir guckt mich an: Mein Freund, sage ich zu ihm, während Fury und Black Beauty anfangen im Kreis zu galoppieren, pass bloß auf, dass du niemals so richtig erwachsen wirst.

Fräulein Hanna

Ich stehe vor einem Juweliergeschäft und schaue hinauf zu zwei auf dem Dach sitzenden Erdmännchen. Eine Verkäuferin kommt aus dem Geschäft und sagt: Hallo, möchten Sie Schmuck für Ihre Freundin kaufen?

Und während zwischen alten Bäumen, / die den breiten Gehweg säumen, / arglos, frei und selbstbestimmt / Federvieh in Pfützen schwimmt, / guckt im Wohnhaus nebenan / ein alter, tätowierter Mann / aus dem Fenster und sagt leise: / Hier endet also meine Reise.

Ich habe keine Freundin, ich stehe hier nur, weil ich mir die da angucke, antworte ich der Verkäuferin und nicke den beiden Erdmännchen zu.

Ja, süß, sagt sie, aber die sind gar nicht echt.

Gar nicht echt?, denke ich, bin überrascht und sage: Ich weiß, ist ja offensichtlich. Und während ich nun so nicke, stolpert eine sehr hübsche Frau erst über mein Fahrrad und fällt mir dann direkt vor die Füße.

Sie hat ein Messer in der Hand!, ruft die Verkäuferin entsetzt und eilt zurück in den Laden.

Vor diesem Laden / stehen Einkaufswagen, / und an einem, angeleint, / sitzt ein kleines Kind und weint.

Das ist aber merkwürdig, denke ich, dass vor einem Juweliergeschäft Einkaufswagen stehen.

Inzwischen ist die Frau wieder aufgestanden. Dieser Ring, sagt sie und gibt mir einen Ring, ist ein Verlobungsring. Er ist aus echtem Silber. Ich habe ihn von meinem Freund bekommen.

Und jetzt?, frage ich.

Und jetzt, sagt sie, jetzt vögelt dieses Schwein mit Susi.

Ich nicke betroffen. Augenblicke später kommt ein Mann aus dem Juwelierladen. Er klingt sehr verzweifelt, als er sagt: So sinnlich wie ein Aquarell / von Claude Monet und visuell / ein Erlebnis, ja, ein Quell / der Lebensfreude, ein Modell, / und so süß wie Karamell / ist mein mich liebender Miguel. / Doch offiziell / heißt er Marcel / und betreibt wohl ein Bordell, / das ist ein richtiger Rebell.

Dann läuft er weinend weg. Neugier multipliziert mit Liebe, fragt mich die Frau, während wir dem Mann nachschauen, wie viel ist das? Für eine Frau ist das mindestens ein Dutzend Schmerz. Würden Sie mich heiraten? Der Ring ist echt. Und meine Liebe wäre es eigentlich, also letztendlich, irgendwie, auch.

Ich weiß nicht, sage ich.

Ihre Unsicherheit kostet Sie mein Vertrauen, sagt sie und nimmt mir den Ring wieder weg.

Da sagt der tätowierte Mann / aus dem Wohnhaus nebenan: / Entschuldigung, aber ich habe, / wenn Sie gestatten, eine Frage: / Wer bin ich wohl und wer seid ihr? / Und überhaupt, was mach ich hier?

Ich bin Fräulein Hanna, ruft sie dem Mann zu. Und nur eine sparsame Handbewegung später guckt sie mich wieder an und fragt: Ja, und wer sind Sie? Sind Sie so ein ängstlicher Typ, der sein Herz am liebsten in eine Vitrine legen würde, damit es nicht beschädigt wird? Dann erwarten Sie aber bloß nicht zu viel vom Leben. Sind Sie Mathematiker? Ich kenne einen Mathematiker, Klaus, der sieht ein bisschen aus wie dieser Pythagoras.

Und im Wohnhaus nebenan / guckt der tätowierte Mann / aus dem Fenster und fragt leise: / Wie alt bin ich schätzungsweise?

Wissen Sie, spricht Fräulein Hanna weiter, ich gebe Baby-Igeln, die ich nachts unter Holunderbüschen finde, Tipps, wie sie glücklich werden, habe aber keine Ahnung, was Glück ist. Ist Glück vielleicht nur ein riesengroßes Missverständnis? Kann man zu viel Dostojewski gelesen haben? Wird man dann komisch?

Derweil ist ein Rentner aus dem Laden gekommen und zu den Einkaufswagen gegangen, zwischen denen, angeleint, der kleine Junge sitzt und weint.

Der Rentner guckt mich an und sagt: / Also, falls Sie jemand fragt, / das hier, das hier ist mein Hund; / der muss zwar an der Leine gehen, / aber das ist gar kein Grund, / gleich alles negativ zu sehen.

Das ist kein Hund, das ist ein Kind, widerspreche ich.

Da schwenkt der Rentner eine DDR-Fahne und sagt: Was wollen Sie denn jetzt von mir? / Den devoten Menschen hier, / denen ging es doch nicht schlecht, / zu denen war'n wir doch gerecht. / Die durften an die Ostsee reisen / und in Sportvereine gehen, / aus immer vollen Näpfen speisen, / sich zeitkonforme Kunst ansehen. / Die Menschen durften es doch wagen, / ihre Meinung laut zu sagen / … wenn sie uns'rer Meinung waren. / Natürlich, all die Undankbaren, / die mussten wir disziplinieren, / sie inhaftieren, / knechten, foltern und erschießen, / die sich auf 'ne Flucht einließen.

Und im Wohnhaus nebenan / guckt der tätowierte Mann / aus dem Fenster und sagt leise: / Nein, das war keine Art und Weise.

Du krankes Schwein!, rufe ich dem Rentner zu. Doch der ignoriert mich und geht zurück in den Laden.

Träumen Sie manchmal?, fragt mich Fräulein Hanna. Ich habe mal geträumt, ich sitze als verwelkte Rose in einer glänzenden Muschel und dann kommt ein Panda und bestaunt mich und frisst mich auf. Seltsam, oder?

Ja, seltsam, sage ich und sehe eine Frau um die Ecke kommen.

Als sie uns bemerkt, bleibt sie stehen und sagt: An der Tankstelle, bei Shell, traf ich ihn, es ging so schnell, oh, Gott, wir fuhren ins Hotel und dann, auf einem Bärenfell, wurde es halt sexuell, er war so experimentell und so scharf wie ein Skalpell; jetzt bin ich schwanger von Miguel, doch er ist homosexuell und heißt wohl eigentlich Marcel und ist vermutlich kriminell.

Doch Fräulein Hanna interessiert sich nicht für die Komplikationen im Leben der Frau. Oh, gucken Sie mal, zwei Erdmännchen, sagt sie, steigt auf mein Fahrrad und fährt weg.

Aber …?, rufe ich und senke / meinen schweren Kopf und denke: / Ach, Hanna, wärst du doch geblieben, / dann könnten wir uns ewig lieben.

Und während zwischen alten Bäumen, / die den breiten Gehweg säumen, / arglos, frei und selbstbestimmt / Federvieh in Pfützen schwimmt, / guckt im Wohnhaus nebenan / der alte, tätowierte Mann / aus dem Fenster und sagt leise: / Hier endet also meine Reise.

Und wo endet meine Reise?, frage ich mich, nehme mir vor, mal wieder Dostojewski zu lesen und gehe nach Hause.

Herr Eitel

Ich fahre mit dem Fahrrad Richtung Westen. Ein Sturm verfolgt mich. Zwischen Lützen und Röcken werde ich von dem Sturm eingeholt und in schwindelerregende Höhen gewirbelt.

Wenn ich von diesem Sturm in die Luft gewirbelt werde, so vermute ich, dann ist das bestimmt ein Wirbelsturm.

Ich halte den Lenker gut fest, damit ich den Kontakt zum Fahrrad nicht verliere. Auf dem Fahrrad sitzend, genieße ich die Aussicht, die trotz des schlechten Wetters atemberaubend ist.

Als mich der Wirbelsturm fallen lässt, bin ich außer Atem. Obwohl ich des harten Aufpralls wegen starke Schmerzen im Becken habe, bin ich doch froh, dass ich mich nicht ernsthaft verletzt habe.

Und weil der Hinterreifen plötzlich keine Luft mehr hat, schiebe ich mein Fahrrad nach Röcken und weiter bis nach Weißenfels. In Weißenfels halte ich Ausschau nach einer Kaufhalle, um mir Flickzeug für den kaputten Schlauch zu kaufen.

Entschuldigen Sie bitte, spreche ich schließlich eine ältere Frau an, gibt es hier in der Nähe vielleicht eine Kaufhalle?

Eine Kaufhalle ist da hinten, sagt die Frau und zeigt über meine Schulter. Aber wenn Sie Flickzeug für Ihr Fahrrad brauchen, junger Mann, dann gehen Sie doch zu *Zweirad Eitel*, das liegt in dieser Richtung, das ist ein guter Mensch.

Herr Eitel ist schon älter; er wirkt müde, aber er lächelt, als ich ihn frage, ob er Flickzeug für mich habe. Er trägt einen dunkelblauen Kittel und eine Brille; einer der beiden Bügel ist abgebrochen und so sitzt sie ein bisschen schief auf seiner Nase. Er reicht mir das Werkzeug, schaut mir beim Ausbauen des Hinterrades und beim Flicken des Schlauches zu, gibt mir Tipps und hilft mir, wenn ich Hilfe brauche.

Als wir fertig sind und ich ihn frage, wie viel ich zu bezahlen habe, winkt er ab und sagt: Lass mal gut sein, Junge.

Vor dem Laden stehen zwei Männer. Haben Sie das gesehen?, fragt der ältere den jüngeren und zeigt die Straße hinunter. Nein, ich habe es nicht gesehen, antwortet der jüngere, aber in meiner Familie sieht man generell nicht sehr gut.

Ich bin nur wenige Meter gefahren, als der Schlauch im Hinterreifen mit einem lauten Knall wieder seine Luft verliert. Also schiebe ich das Fahrrad zurück zu Herrn Eitel. Durch seine kaputte Brille schaut er sich den Mantel an und entdeckt einen Riss in der Flanke, durch den sich der Schlauch wohl gedrückt hat und dann kaputtgegangen ist.

Mit dem kannst du nicht mehr fahren, sagt er und montiert das Hinterrad aus, zieht den Mantel von der Felge und verschwindet in seiner Werkstatt. Wenig später kommt er mit einem anderen Mantel zurück; er ist gebraucht, aber er sieht noch gut aus.

In einer Hand hält der Alte seine kaputte Brille. Er setzt die Brille wieder auf, dann wechseln wir zusammen Schlauch und Mantel. Als wir fertig sind und ich ihn frage, was ich zu bezahlen habe, möchte er vier Euro von mir haben.

Vier Euro?, frage ich. Hinter dem Alten hängt ein Nietzsche-Zitat an der Wand: Die Hoffnung ist der Regenbogen über den herabstürzenden jähen Bach des Lebens. Ich schaue den Alten an und frage mich, worauf er wohl hofft, um sich eine neue Brille leisten zu können. Ein anderes Nietzsche-Zitat kommt mir in den Sinn: Wir leben in einem System, in dem man entweder Rad sein muss oder unter die Räder gerät. Ich gebe Herrn Eitel zehn Euro und verabschiede mich.

Vor dem Laden stehen immer noch diese beiden Männer. Haben Sie das gesehen?, fragt der ältere den jüngeren und zeigt die Straße hinunter. Und der jüngere antwortet: Ja, ich habe es gesehen.

Große Erwartungen

Es passiert gerade viel in Flacos Leben. Er hat eine neue Wohnung, einen neuen Job, einen neuen Schneidezahn und eine neue Freundin. Und jetzt möchte er sich auch noch ein neues Auto kaufen. Und weil er keine Ahnung von Autos hat, hat er Max und mich gebeten, dass wir ihn zu *Auto Blume* begleiten, damit Herr Blume ihn nicht über den Tisch zieht. Ich habe zwar auch keine Ahnung von Autos, aber das weiß Flaco nicht, und das muss er auch nicht wissen. So ist das halt, manchen Männern ist es peinlich, dass sie einen kleinen Penis haben, manchen Männern ist es peinlich, dass sie eine Vorgesetzte haben. Und mir ist es eben peinlich, dass ich keine Ahnung von Autos habe.

Zum Glück habe ich keinen kleinen Penis.

Das Angebot bei *Auto Blume* ist aber sehr überschaubar, zumindest bei den Autos, die sich Flaco leisten kann. Also eigentlich steht da nur ein Auto auf dem Hof, das sich Flaco leisten kann: ein Opel Kadett, Baujahr 1995, metallicgrün, unfallfrei, mit 4999 Kilometern auf dem Tacho, TÜV und AU neu, für 1999 Euro.

Unter einem der Rücklichter klebt ein Aufkleber: *Bündnis '90/Die Grünen*. Und auf der Heckscheibe klebt noch ein Aufkleber: *Todesstrafe für Kinder-*

schänder. Quod tibi fieri non vis, alteri ne feceris, denke ich und schlussfolgere also, dass dieses Auto mindestens zwei Vorbesitzer hatte.

Herr Blume kommt auf uns zu. Na, da habt ihr euch aber ein Schmuckstück ausgesucht, Jungs, ruft er und streicht mit seiner Hand über die metallicgrüne Motorhaube des Autos. Eine Prinzessin ist das, fast noch 'ne Jungfrau, herzlichen Glückwunsch.

Max geht um den Opel herum, streicht fachkundig mit der Hand über die Motorhaube und fragt Herrn Blume: Wie viele Gänge hat er denn?

Herr Blume wirkt überrascht. Mit der Frage hat er wohl nicht gerechnet. Und um Herrn Blume den Wind gleich komplett aus den Segeln zu nehmen, fragt Max weiter: Und die Scheibenwischer, können die auch Intervall?

Intervall?, fragt Herr Blume und zögert mit der Antwort: Ja, sagt er schließlich, ja, die können Intervall, ja, ja. Und beim Licht, da kann man sogar zwischen Aufblend- und Abblendlicht wählen. Und das für 1999 Euro. Jungs, so viel Auto für so wenig Geld findet ihr nie …

Und diese Löcher hier im Kotflügel, unterbricht ihn Max, das ist doch Rost.

Rost, ja, das ist Rost, gibt Herr Blume zu. Er steckt seine Faust in eines der Löcher und sagt: Aber das muss so sein, solche Rostlöcher haben moderne Autos eben. Das ist wie bei 'ner Jeans heutzutage, je mehr Löcher die hat, umso teurer ist die. Modische Accessoires, versteht ihr, Jungs?

Max hat auch Löcher in seiner Jeans. Und ich glaube, es ist seine Lieblingsjeans. Und weil Max findet, dass knapp zweitausend Euro für ein Auto mit Accessoires, das gerade mal knapp fünftausend Kilometer auf dem Tacho hat, ein guter Preis ist, rät er Flaco, das Auto zu kaufen.

Sagt mal, dieses Auto hier, seid ihr euch denn sicher, dass der uns nicht über den Tisch gezogen hat?, fragt uns Flaco, als der Kilometerzähler nach zwei Stunden Fahrt immer noch auf 4999 steht und erste Rauchwölkchen aus dem Motor aufsteigen.

Na ja, so ein Autokauf, gibt Max zu bedenken, das ist eben auch immer ein bisschen Glückssache, da darf man keine zu großen Erwartungen haben.

Es geht ums Prinzip

Als Flaco gesagt hat, er habe etwas Spannendes vor, habe ich ihn nicht gefragt, was das denn sei, was er da Spannendes vorhabe, ich bin einfach mitgegangen. Und jetzt stehen wir hier im Regen vor der Kirche und er versucht, ein beschriebenes Bettlaken an die Kirchentür zu nageln.

Was machst du da?, frage ich.

Da geht die Kirchentür auf und der Pfarrer steht vor uns. Er wirkt ein bisschen entgeistert und fragt: Was machen Sie da?

Flaco sagt irgendwas, aber ich verstehe ihn nicht, weil er einen Nagel zwischen den Lippen hat und den Mund nicht aufmachen kann, weil der Nagel ja sonst runterfallen würde.

Und deshalb, so vermute ich, guckt der Pfarrer mich jetzt an. Aber ich weiß ja auch nicht, was Flaco da macht.

Freiheit für Che Guevara, liest der Pfarrer schließlich vor, was hinter 1. auf dem Laken steht.

Freiheit für Che Guevara?, frage ich mich. Aber der ist doch schon lange tot.

Aber der ist doch schon lange tot, sagt der Pfarrer und verschränkt die Arme.

Hm hmhm, hm hm hm hmhm, sagt Flaco, spuckt den Nagel aus und wiederholt: Herr Pfarrer, es geht ums Prinzip.

Ums Prinzip?, fragt der Pfarrer.

Ja, ums Prinzip, sagt Flaco. Wir brauchen mal wieder ’ne Revolution.

Eine Revolution?, fragt der Pfarrer. Oder meinen Sie eine Reformation?

Flaco überlegt. Er lässt den Hammer sinken und sagt: Hier stehe ich, ich kann nicht anders.

Da liest der Pfarrer vor, was hinter 2. auf dem Laken steht: *Verbot von Kunststofffenstern.*

Ja, sagt Flaco, genau, wir brauchen ein Verbot von Kunststofffenstern.

Ein Verbot von Kunststofffenstern?, fragt der Pfarrer. Aber warum?

Na, Kunststofffenster, antwortet Flaco, sind ja wohl ein Sinnbild dieser schlimmen Zeit, überhaupt der Charakterlosigkeit unserer Gesellschaft. Er guckt mich an, er guckt den Pfarrer wieder an und spricht weiter: Aus einem verzagten Arsch kommt kein fröhlicher Furz.

Da liest der Pfarrer vor, was hinter 3. steht: *Musikinstrumente subventionieren.*

Genau, sagt Flaco. Und selbst wenn ich wüsste, dass die Welt morgen in Stücke zerfällt, würde ich heute trotzdem noch meinen Apfelbaum ...

Und was, meine Herren, fällt ihm der Pfarrer ins Wort, was bitte haben Ihre Thesen mit der Kirche zu tun?

Nichts, antwortet Flaco, gar nichts, es geht hier ja ums Prinzip, Herr Pfarrer, verstehen Sie? Das ist was Prinzipielles mit diesen Thesen.

Und während ich mich noch frage, was für ein Prinzip das denn sein soll, nimmt Flaco seinen Rucksack, nickt dem Pfarrer zu und geht. Und ich folge ihm wortlos.

Doch wir sind keine zehn Schritte gegangen, da ruft uns der Pfarrer nach: Traue keinem Wolf auf wilder Heide, auch keinem Juden auf seine Eide, glaub keinem Papst auf sein Gewissen, wirst sonst von allen Dreien beschissen. Ja, ja, meine Herren, von Arbeit stirbt kein Mensch, aber von Ledig- und Müßiggehen kommen die Leute um Leib und Leben; denn der Mensch ist zum Arbeiten geboren wie der Vogel zum Fliegen.

Da guckt mich Flaco an und sagt: Siehst du, so sind sie, die Pfaffen, tun immer so tolerant, aber wenn du sie dann mal provozierst, dann zeigen sie ihren wahren Charakter.

Chronologie eines doch ganz seltsamen Märztages

Ich liege in meinem Bett, starre die Zimmerdecke an und frage mich, was ich tun könnte, um diesem Tag die Chance zu geben, der schönste Tag in meinem Leben zu werden.

08:13 Uhr: Tante Mildred ruft an. Ich soll ihr heute noch zwei Packungen Klopapier vorbeibringen. Und sie möchte ihre Kettensäge wiederhaben, die sie mir letzten Herbst geborgt hat. Ich erinnere sie daran, dass sie in der Nähe von Aachen wohnt und rund 450 Kilometer zwischen uns liegen, weswegen ich nicht einfach mal so vorbeikommen werde, zudem es ja auch Ausgangsbeschränkungen gibt. Sie aber droht, falls ich mich ihrem Willen widersetzen sollte, Kinderfotos von mir in den sozialen Netzwerken zu veröffentlichen.

08:33 Uhr: Mein Kindergartenfreund Christian ruft an. Ich soll ihm heute noch eine Packung Klopapier vorbeibringen. Ich erinnere ihn daran, dass er in der Nähe von Rostock wohnt und rund 450 Kilometer zwischen uns liegen, weswegen ich ihm nicht einfach so mal ’ne Packung Klopapier vorbeibringen werde. Er aber droht, meinen Opel Kadett anzuzünden, wenn ich mich weigern sollte …

08:35 Uhr: Ich lege einfach auf.

08:55 Uhr: Ich lösche in den sozialen Netzwerken jenes Foto von gestern Abend, das mich mit meinen in den letzten Tagen organisierten Klopapier-Vorräten zeigt.

09:25 Uhr: Ich steige in meinen alten Opel Kadett (Baujahr 1995, metallicgrün, unfallfrei – ein Geschenk meines Freundes Flaco), um zu Tante Mildred nach Jülich zu fahren.

13:45 Uhr: Die Frontscheibe ist dreckig und die Scheibenwaschanlage kaputt. Und weil es noch recht weit bis zur nächsten Tankstelle ist, fahre ich auf einen Rastplatz, um etwas Wasser aus meiner Trinkflasche auf die Scheibe zu kippen.

14:22 Uhr: Ich habe einen nassen Ärmel, weil ich versucht habe, während der Fahrt Wasser aus meiner Trinkflasche auf die Frontscheibe zu kippen.

15:17 Uhr: Mein Auto ist kaputt. Kurz vor dem Ziel. Der Motor will nicht mehr. Ich stehe auf der A4 bei Buir und überlege, was ich machen soll.

15:19 Uhr: Das Navigationssystem sagt, querfeldein, durch den Hambacher Forst, seien es nur knapp acht Kilometer bis zu Tante Mildreds Haus. Ich entschließe mich, zu Fuß zu gehen.

15:21 Uhr: Weil ich mich auf dem Randstreifen einer Autobahn befinde, ziehe ich meine Warnweste an, dann verstaue ich das Klopapier im Rucksack, hole die Kettensäge aus dem Kofferraum und gehe los.

15:30 Uhr: Es ist so erquickend friedlich. Oh, ich genieße es, mit mir und der Natur allein, hier in diesem Forst zu sein. Meine Laune verbessert sich von Schritt zu Schritt, von Atemzug zu Atemzug.

15:38 Uhr: Die friedliche Stimmung war trügerisch. Wilde Menschen hetzen mich durch den Forst. Bambi bleibt, rufen sie, wenn ich das richtig verstehe. Bambi? Ich habe keine Ahnung, was ich mit dieser Disney-Figur zu tun habe, vielleicht verwechseln sie mich.

15:41 Uhr: Ich bin auf einen sehr hohen, sehr alten Baum geflüchtet. Im Unterholz stehen die Wilden und schreien. Ich verstehe sie zwar schlecht, aber immer wieder ist die Rede von Bambi.

15:43 Uhr: Ich bemerke, dass mein Rucksack offen und eine der Klopapierrollen zu sehen ist. Schlagartig wird mir bewusst, warum sie mich durch den Forst gehetzt haben: Sie wollen das Klopapier.

15:45 Uhr: Was sind das nur für schlimme Zeiten, in denen man friedlichen Menschen wegen ein paar Rollen Klopapier nach dem Leben trachtet! Ich nehme die erste Rolle Klopapier aus dem Rucksack und bewerfe damit einen der Wilden. Augenblicklich sind sie still und starren mich an.

15:46 Uhr. Einer der Wilden hebt die Rolle Klopapier auf und rennt weg.

15:47 Uhr: Mit der nächsten Rolle in der Hand denke ich an Tante Mildred, wie sie in ihrem alten Häuschen am Stadtrand von Jülich sitzt, ein Tässchen Tee trinkt und darauf wartet, dass ich ihr das Klopapier bringe. Ich zähle durch: Elf Wilde stehen im Dickicht, elf Rollen Klopapier habe ich noch.

15:48 Uhr: Erst wenn ihr den letzten Menschen zu Tode gehetzt habt, werdet ihr feststellen, dass man Klopapier nicht essen kann, rufe ich der Horde zu und werfe die nächste Rolle.

15:51 Uhr: Das Klopapier ist alle. Dafür muss ich aber auch nicht mehr um mein Leben fürchten, die Wilden sind weg, weggerannt mit dem Klopapier, schiedlich-friedlich, haben sich alle mit einer Rolle begnügt, dieser Anstand imponiert mir dann doch.

16:00 Uhr: Ich sitze immer noch im Baum und versichere mich mit wachsamen Blicken, dass alle Wilden weg sind. Ein Reh springt durch das Unterholz. Bambi. Süß.

16:02 Uhr: Ich klettere den Baum hinunter, schleiche auf leisen Sohlen durch den Forst. Hier und da, zwischen Sträuchern, kauern die Wilden und verrichten ihre Notdurft.

16:06 Uhr: Eine Wilde entdeckt mich. Beim Versuch, vor ihr wegzulaufen, lasse ich die Kettensäge fallen.

16:07 Uhr: Die Wilde hebt Tante Mildreds Kettensäge auf und macht im Handumdrehen eine Pflugschar daraus. Mit der Pflugschar in der Hand kommt sie auf mich zu und sagt: Ach, so eine Pandemie / hat ja vielleicht irgendwie / auch so ihre guten Seiten. / Wenn die Leute schon beizeiten /

panisch durch Geschäfte laufen, / um auf Vorrat einzukaufen, / machst du mir / schon mit ’ner Rolle Klopapier, / so wie heute, / eine Freude.

16:09 Uhr: Die Wilde ist sehr attraktiv. Ich erfahre, dass sie Tatjana heißt. Tatjana lädt mich zu einer Tasse Tee in ihr Baumhaus ein.

23:51 Uhr: Entblößt und erschöpft liege ich neben Tatjana in ihrem wirklich sehr liebevoll eingerichteten Baumhaus. Ich nehme mein Telefon zur Hand, Tante Mildred hat Kinderfotos von mir in die sozialen Netzwerke geschickt. Zweifellos unvorteilhafte Fotos.

23:57 Uhr: Ich muss mal. Zum Glück hat Tatjana Klopapier.

Kahle Eichen (rot)

Ey! Wenn man auf ein Kraftwerk fällt / und das wird deshalb abgestellt, / ist man dann ein Umweltheld?, / / fragt mich ein adipöser Knabe, / als ich gerade / eine Ampelanlage / da hinten abmontiert habe / und nun zu mir nach Hause trage.

Ich bin irritiert ob der Frage, ich gucke reserviert und sage: –

Und während fahle Nebelschwaden / mein Schweigen Richtung Stadtrand tragen, / bedauert eine / noch sehr kleine, / einst an Blättern dennoch reiche, / kahle Eiche, / dass der Wind ihr Lieblingsblatt / soeben mitgenommen hat.

Der Junge guckt mich an und sagt: / Ey, du, ich hab dich was gefragt: / Wenn man auf ein Kraftwerk fällt / und das wird deshalb abgestellt, / ist man dann ein Umweltheld?

Was für ’ne aggressive Frage, denke ich und sage: Nein. Junge, kein Mensch kann so dick sein, dass er, wenn er auf ein Kraftwerk fällt, dieses Kraftwerk so stark beschädigt, dass es deshalb abgestellt werden muss. Niemand. Und überhaupt, was ist das für eine seltsame Frage?

Seltsame Frage?, / fragt der Knabe, / na ja, ich habe / dir die Frage gestellt, / weil mir die Idee gefällt.

Weil dir die Idee gefällt?, frage ich verblüfft. Und da fragst du mich? Junge, ich habe hier eine Ampelanlage auf der Schulter. Diese Ampelanlage habe ich eben da hinten an einer stark frequentierten Kreuzung abmontiert. Und deshalb wird es früher oder später an dieser Kreuzung einen Unfall geben, verstehst du? Und du fragst mich, ob du der Umwelt einen Gefallen tust, wenn du dich auf ein Kraftwerk wirfst? Warum sprichst du mich nicht auf diese Ampel an, die ich hier auf meiner Schulter durch die Stadt trage, hm?

Weil ich mich nicht getraut habe, sagt der plötzlich an Atemnot leidende Knabe. Gelegentlich reagieren die Menschen ja recht empfindlich, wenn man sich mit ihrer Habe beschäftigt, ich …

Diese Ampelanlage, unterbreche ich ihn, ist ein Geschenk für meine Freundin. Anneliese. Mein kleiner Bösewicht. Mein kleiner Bösewicht war die letzten zwölf Monate in Australien. Work and Travel. Und heute kommt sie zurück. Ich habe lange überlegt, was ich ihr zur Begrüßung schenken könnte. Und dann habe ich mir gedacht: Ach, ich schenke ihr eine Ampelanlage.

Der Junge stirbt, ich gehe weiter, / sehe ein paar Bauarbeiter, / die sich unverhohlen trauen, / ihre Blicke in den blauen / Uniformen jener Frauen / zu verstauen, / die eben ihren Streifenwagen / in ’nen abgesperrten Graben / gefahren haben.

Wer Ampeln klaut, hat die Kontrolle über sein Leben verloren, ruft eine Frau, / deren grau / meliertes Haar / unheilbar / durch Morbus Spliss / beschädigt ist.

Ich lächle ohne Widerwort / und setze meinen Heimweg fort. / Da sehe ich ein Pferd, / dessen Reiterin gewährt / einem Motor-Rad / die Vorfahrt, / woraufhin der R4 / hinter dem Tier / für einen Bus / scharf bremsen muss. / Das Pferd erschreckt, / das Zweirad eckt / am Auto an / und dann / fällt er um, / dieser R4, / und das Tier / schaut stumm, / was passiert, / da stiert / ein junger Mann / die Reiterin an …

Und während ich noch so denke, dass der Verkehr an dieser Kreuzung mal besser mit Verkehrszeichen oder einer Ampelanlage geregelt werden sollte, sehe ich dich / im Scheinwerferlicht, / mein Bösewicht, / und frage mich, / ob dein Gesicht / letztes Jahr / nicht schöner war.

Und obwohl die Ampelanlage auf meiner Schulter gerade auf Rot umgeschaltet hat, kommst du jetzt auf mich zu und sagst: Noch vor einem Jahr war ich so schön wie der erste Satz in einem Theodor-Fontane-Roman. Und was bin ich heute? Ein Känguru, das auf dem Fluss einer fiktiven Geschichte als Missverständnis durch diese Geschichte treibt. Ich möchte der Tag sein, der die Nacht umhüllt. Ich möchte ein Engel sein, der auf einer Wolke sitzt und den Teufel verprügelt, weil er den Ausweg aus den verwinkelten Räumen der Vernunft versperrt. Wenn man zu lange träumt, wird das Herz dann irgendwann zu Marmelade? Bin ich Marmelade in einem schusssicheren Marmeladenglas? Findet der Pfeil denn niemals den Weg zu Amor?

Ich erkenne die Zerbrechlichkeit dieser Gedanken und sage: –

Und während fahle Nebelschwaden / mein Schweigen Richtung Stadtrand tragen, / bedauert eine / noch sehr kleine, / einst an Blättern dennoch reiche, / kahle Eiche, / dass der Wind ihr Lieblingsblatt / soeben mitgenommen hat.

Helmpflicht für Fahrradfahrer (gelb)

Ich schiebe mein kaputtes Fahrrad in Richtung Süden durch die Stadt. Und während heftiger Regen meine gute Laune in die Gullys spült, komme ich zu jener Kreuzung, an der ich vor ein paar Wochen die Ampelanlage abmontiert habe. Eine junge Polizistin regelt den Verkehr. Hätte ich die Ampel nicht geklaut, denke ich und bekomme ein schlechtes Gewissen, dann müsste die Polizistin jetzt nicht im strömenden Regen auf dieser Kreuzung stehen und sich von vorbeifahrenden Autos vollspritzen lassen.

Wieso haben Sie einen Fahrradhelm auf?, frage ich die Polizistin.

Sie mustert mich mit ihren großen, wachen Augen und sagt: Ingeborg Bachmann würde vielleicht noch leben, wenn sie bei ihrem Fahrradunfall einen Helm getragen hätte.

Aber die Bachmann war ja gar keine Fahrradfahrerin, widerspreche ich.

Dochdochdoch, sagt sie und bläst einmal fröhlich in ihre Trillerpfeife. Das Pfeifen ist so laut, dass ich mir vor Schreck die Augen zuhalte. Als ich sie wieder öffne, hat die Polizistin eine Pistole in der Hand und schießt damit auf einen vorbeifahrenden Jaguar. Der Jaguar macht einen Schlenker, er hüpft über das Trottoir und rauscht ungebremst auf einen Blumenladen zu, dann zerbersten die beiden / großen Buntglasspiegelscheiben / in *Jaqueline's Blumeneck*, / der Apostroph ist auch mit weg, / fortgerissen von einem Splitter / im Buntglasspiegelscheibenscherbengewitter.

Die Polizistin zwinkert mir zu und sagt: Diese Kreuzung ist ein Dschungel. Und dieser Apostroph hat mich schon lange gestört.

Nun ja, gebe ich zu bedenken, nur weil dieses Auto nach einer Großkatze benannt wurde, müssen Sie ja nicht gleich …

Wenn die Bachmann noch leben würde, fällt sie mir ins Wort, würde sie dann immer noch ohne Helm Fahrrad fahren? Und warum trägst du im Spätherbst keine Schuhe? Sparst du Geld für einen Fahrradhelm und kannst dir deshalb keine Schuhe leisten?

Oh, nein, antworte ich, die Schuhe wurden mir gestohlen, / vermutlich, weil sie teure Sohlen / aus 'nem ungewöhnlich matten / Koalababyleder hatten.

Koalababy?, fragt sie gleichgültig und schaut hinüber zu dem Jaguarfahrer, der sich eben ungelenk aus seinem demolierten Auto gezwängt hat. Und während er gestikulierend und schimpfend auf uns zugehumpelt kommt, zeigt die Polizistin mit ihrem Verkehrsstab auf ihn, guckt mich an und sagt: Der da, dieser dicke Mann, / der nicht mal aufrecht gehen kann, / ist mir irgendwie suspekt. / Und der parkt dort nicht korrekt. / Und wie furchtbar ungeniert, / der auf meine Brüste stiert, / und dann kaut der Kaugummi, / nein, aus dem Flegel wird wohl nie / ein kultivierter, feiner Mann, / auf den ein Vater stolz sein kann.

Er stiert nicht auf Ihre Brüste, widerspreche ich.

Dochdochdoch, sagt sie und wirft dem Jaguarfahrer einen bösen Blick zu. Beim Versuch, ihrem Blick auszuweichen, stolpert er und fällt ihr direkt vor die Füße. Worauf sie ihn beinahe mitleidig anschaut und sagt: Gescheiter wär es wohl gewesen, / Sie wären heut im Bett geblieben / und hätten mal ein Buch gelesen, / dann würden Sie jetzt nicht hier liegen.

Natürlich bin ich gespannt, wie der Mann reagiert. Er guckt die Polizistin an, als wäre sie ein brennendes Kaninchen und sagt: Ich habe einige Talente, / ich spiele Holzblasinstrumente / in 'ner Kapelle. / Und ich bin recht eloquent / und hab Erfolg als Produzent / platzsparender Hühnerställe. Warum also sagen Sie, ich sei kein kultivierter Mann? Ich benutze sogar den Konjunktiv, haben Sie gehört? Und warum haben Sie auf mein Auto geschossen?

Aber die Polizistin ignoriert den Mann. Stattdessen guckt sie mich an und sagt: In diesem Land sterben jedes Jahr vierhundertfünfzig Radfahrer bei Unfällen im Straßenverkehr, jede halbe Stunde wird ein Fahrradfahrer schwer verletzt. Gäbe es eine Helmpflicht, dann wären die Zahlen nicht so dramatisch. Und gäbe es ein Innenstadtfahrverbot für Autos, besonders für Sportwagen, dann müsste ich jetzt nicht hier stehen.

Regentropfen baumeln an den langen Wimpern der Polizistin. Und weil sie noch recht jung ist, aber doch schon ein ziemlich verregnetes Gesicht hat, vermute ich, dass sie hier wohl oft bei miesem Wetter stehen muss, um den Verkehr zu regeln. Was halten Sie eigentlich von Ampelanlagen?, frage ich sie und bin nicht mal überrascht, als sie einen Augenblick später ganz überschwänglich antwortet:

Die Ampel ist von schöner Form, / sie frisst kein Brot und ist enorm / wetterfest, robust, stabil / und ihr so buntes Farbenspiel / lässt Kinderherzen höher schlagen. / Oh, Ampelanlagen / sind polyvalent, / ein Instrument / der Harmonie / und irgendwie / auch sehr erregend. / In manch fortschrittlicher Gegend / werden Ampeln heutzutage / bei labiler Lebenslage / therapeutisch eingesetzt. / Und ist man mal vom Stress gehetzt, / dann hilft das Ampelheilverfahren. / Vermutlich schon in ein paar Jahren / wird es Ampelaktien geben, / Ampeln retten Menschen-leben, / sind friedfertig und regeln sehr / zuverlässig den Verkehr. / Und zudem ist eine Ampel / gut gegen den Klimawandel. / Das größte Glück für eine Stadt / ist es, wenn sie Ampeln hat.

Polyvalent?, frage ich wissbegierig. Was heißt das denn?

Und weil sie nicht auf meine Frage reagiert, sage ich ein paar unruhige Blicke später: Das war übrigens nur Spaß eben; meine Schuhe, die wurden gar nicht gestohlen und die sind auch gar nicht aus Koalababyleder. Dann steige ich auf mein kaputtes Rad und fahre zügig nach Hause, um die Ampelanlage zu holen, die ich hier vor ein paar Wochen abmontiert habe. Ich möchte sie der Polizistin schenken, bestimmt wird sie sich darüber sehr freuen.

Inversionswetterlage (grün)

Ich schaue mich um und denke: Nee, kein Zweifel, klassische Inversionswetterlage. Als die Ampel auf meiner Schulter dann auf Grün umgeschaltet hat, überquere ich die Straße. Wenig später komme ich an einem kleinen, zugemüllten Park vorbei, in dem eine recht kämpferisch wirkende junge Frau auf einem Podium steht und mehreren offensichtlich schlecht gelaunten Jugendlichen zuruft:

Wir haben doch schon viel erreicht / bei Kernkraft, Kohle und vielleicht / gibt es ja dank uns schon bald / auch wieder Einhörner im Wald. / Und das Land wird noch humaner, / sind erstmal alle hier Veganer.

Einhörner?, frage ich, nehme die Ampel von der Schulter und fange an zu lachen.

Und während ich so lache, hüpft die Frau vom Podium, kommt auf mich zu und sagt: Einhörner, gut, weiß ich auch, / wird wohl nix, doch ist's nicht Brauch, / hier in unserer Partei / das Volk mit viel Fantasterei, / ja, mit Kalkül dazu zu bringen, / auf unsren Zug mit aufzuspringen?

In unserer Partei?, frage ich überrascht.

Die Frau nickt. Ist die Liebe letztendlich nicht ein ausgesprochen überflüssiges Unglück?, spricht sie weiter. Wir stürzen uns im Frühling so fröhlich in ihre rauschenden Fluten, ertrinken aber spätestens im Herbst barfuß, einsam und gebrechlich in einem Meer aus Selbstmitleid und Tränen. Bist du deshalb barfuß und trägst eine Ampel durch die Stadt? Weil du verlassen wurdest?

Nun ja, sage ich, ich habe die Ampel vor ein paar Wochen an einer vielbefahrenen Kreuzung abmontiert. Und weil das ein großer Fehler war, bringe ich sie jetzt zurück.

Da nähert sich ein Streifenwagen / und damit unbequeme Fragen. / Der Wagen hält, zwei Herren steigen / freundlich lächelnd aus und zeigen / beide ihre Dienstausweise / und alsbald sagt einer leise: / Bernadett Marlene Schneider, / nun, Sie haben leider, leider / den Rundfunkbeitrag nicht beglichen / und da der jüngste Tag verstrichen, / sprich, die allerletzte Frist / inzwischen abgelaufen ist, / werden Sie von mir und Gerd / jetzt in ein Verlies gesperrt.

Doch Bernadett ist nicht einverstanden mit ihrer Verhaftung. Ich soll in eine Strafanstalt, so wehre ich mich mit Gewalt, schreit sie die Polizisten an und schlägt um sich.

Aber die Polizisten haben die Situation im Handumdrehen unter Kontrolle. Und während ihr der eine Polizist (Gerd) Handschellen anlegt, sagt der andere: Ich fand mal eine Bernadett, die Tochter meiner Tante, nett. Drum schrieb ich meines Vaters Nichte in so mancher Nacht Gedichte. Die sie zwar nicht amüsant, dafür sehr dramatisch fand, das gab sie mir auch zu verstehen, um dann in den Tod zu gehen.

Ach, sage ich überrascht. Und weil ich ja selbst auch keine Rundfunkgebühren zahle und nicht auch in Erzwingungshaft kommen möchte, lächle ich den beiden Polizisten zu, lege mir die doch sehr schwere Ampel etwas umständlich wieder auf die Schulter und gehe zügig weiter.

Und während ich nun weiter Richtung Westen gehe, denke ich so: Inversionswetterlage? Nee, kann ja eigentlich gar nicht sein, hat ja vorhin geregnet.

Entweder oder (orange)

Ein ganz normaler Wochentag. / Er hat mit reichlich Niederschlag / noch ungemütlich kalt begonnen, / doch an Freundlichkeit gewonnen, / als die Wolken sich verzogen / und seither ein Regenbogen, / kraftvoll, farbenfroh gewebt, / über allen Dächern schwebt.

Mit der Ampel auf der Schulter und dem Regenbogen vor Augen laufe ich in Richtung Westen auf den geographischen Mittelpunkt der Stadt zu, hinter dem sich die Kreuzung befindet, zu der ich möchte.

Noch regennass ist der Asphalt, / als ich plötzlich meinen Halt, / ja, meinen festen Stand verliere, / weil ich mit etwas kollidiere, / das, vom Sturm dahin geweht, / plötzlich da so vor mir steht.

Entschuldigen Sie bitte, aber saugen Sie mit Ihren Blicken dem Himmel das Blau aus allen Poren?, spreche ich die Frau an, gegen deren Klappstuhl ich gerade gelaufen bin.

Sie aber zeigt kaum eine Regung, starrt weiter Zigarette rauchend den Himmel an und fragt mich: Weil Sie hin und wieder träumen, / kommt es vor, dass Sie versäumen, / beim Fortbewegen / achtzugeben?

Nun ja, sage ich und blicke mich um und sehe noch andere Personen: Eine junge Frau vertreibt /

sich die Zeit mit Handarbeit, / drei Holzbläser streiten / um zwei Sitzgelegenheiten, / ein Cellist / spielt Trompete, / ein Atheist / spricht Bittgebete / und ein Herr Brandinspektor Bähr / erzählt ’nem Kind, wie übelst schwer / Brandbekämpfung auf dem Meer / ohne Löschkreiselpumpen wär.

Da guckt mich die Frau auf dem Klappstuhl an und sagt: Witzig, Sie haben eine Ampel dabei. Aber warum leuchtet die denn orange und nicht gelb?

Doch, sage ich, die leuchtet gelb. Es sieht nur so aus, als würde sie orange leuchten, weil die noch in der Atmosphäre schwebenden Regentropfen das Licht brechen und dessen spektrale Intensitätsverteilung verändern, wodurch das Wahrnehmungsspektrum in der Netzhaut des Wirbeltierauges …

Ich verliebte mich mal in einen Skiguide, unterbricht sie mich, spannend fand ich das und kochte über vor Glück und verbrannte mir so mein kleines, empfindsames Herz. Ach, wenn doch vor meinem Herz so eine Ampel stehen würde. Dann könnte da nicht jeder Skiguide einfach so reinspazieren, wie er lustig ist …

Doch als sie weiterreden will, / wird es plötzlich seltsam still / überall um uns herum. / Ich bin erstaunt, ich guck mich um, / und ich denke: Meine Güte, / da liegt ja eine Plastiktüte.

Und in die Lüfte sich erhebend / und über allen Köpfen schwebend, / wirkt die Plastiktüte zwar / gerade noch recht unscheinbar, / doch nur Augenblicke später / schreit und zittert schon ein jeder, / als die Tüte sich auf einen / alten, leicht porösen, kleinen / unscheinbaren Rentner stürzt / und dessen Lebenszeit verkürzt, / indem sie dessen Oberhemd / mitsamt dem ganzen Rumpf durchtrennt.

Und ich denke: Meine Güte, das ist 'ne Killerplastiktüte.

Aber von dem Geschehen unbeeindruckt, wendet sich die Frau auf dem Klappstuhl wieder mir zu und sagt: Es gibt nur zwei Möglichkeiten, was passieren kann, wenn du schwer enttäuscht wurdest: Entweder zerreißt du deine Erinnerungen oder deine Wut, deine Enttäuschung zerreißt dich.

Na dann, antworte ich, ist es vielleicht besser, die Erinnerungen zu zerreißen.

Wenn das so einfach wäre, sagt sie und zündet sich die nächste Zigarette an, dann würde ich jetzt wohl nicht hier sitzen und staunend dabei zusehen, wie mich das Schicksal mit Steinen bewirft.

Na ja, sage ich und zeige auf den toten Rentner, im Moment bewirft das Schicksal hier ja wohl andere Leute mit Steinen.

Und während sie mich fragend anschaut, füge ich noch hinzu: Ich war übrigens auch mal Skiguide. Dann gehe ich weiter, mit der Ampel auf der Schulter und dem Regenbogen vor Augen, auf den geographischen Mittelpunkt der Stadt zu, hinter dem sich die Kreuzung befindet, zu der ich möchte.

Lisbeth

Seit einer Woche trägt mein Freund Flaco dieses Manchester United-Trikot, seit er erfahren hat, dass ihn Irene wegen eines Engländers verlassen hat. Flaco geht eben ziemlich offensiv mit der Situation um, da hat er auch meinen Respekt.

Und weil ich ihn etwas ablenken will und weil er so offensiv mit der Situation umgeht, habe ich ihm vorgeschlagen, dass wir uns heute Nachmittag an den Straßenrand stellen und gucken, einfach nur gucken, wenn die englische Königin mit ihren Corgis durch die Stadt dackelt.

Und weil sich Flaco sicher ist, dass die Leute gegen Lisbeth sein werden, weil Lisbeths Sippe in den letzten Jahrhunderten ja die halbe Welt unterjocht, versklavt, verstümmelt, skalpiert und ganze Völker ausgerottet hat, und deshalb bestimmt Eier und Tomaten fliegen werden und man sich vor den Eiern und Tomaten ja mal besser schützen sollte, stehe ich jetzt hier bei Flaco in der Stube und probiere Helme auf.

Am besten passt mir ja Marias Fahrradhelm. Aber weil Marias Fahrradhelm so viele Löcher und Schlitze hat und das ja dann nicht viel bringt, wenn man von Eiern und Tomaten getroffen wird, nimmt mir Flaco den Helm wieder weg und ist im nächsten

Moment auch selbst weg, um mir einen anderen zu holen.

Ich habe mich gerade hingesetzt, da steht Maria im Zimmer. Huhu, sagt sie und winkt mir mit einem Kaffeebecher. Guck mal, habe ich mir eben gekauft, bei Subway, so ein kleiner Becher, fünf Euro.

Flaco meint ja, dass seine Schwester Maria nicht so gut mit Geld umgehen kann. Wenn seine Familie die Europäische Union wäre, hat er mal zu mir gesagt, dann wäre seine Schwester Griechenland.

Schnäppchen, sage ich zu Maria. Und dann ist Flaco zurück, mit einem Helm auf dem Kopf. Der ist von früher, sagt er konspirativ lächelnd. Das ist ein Skihelm, von meinem Opa.

Von früher?, frage ich. Und wieso denn Skihelm? Früher, da sind die Leute doch nicht mit Helm Ski gefahren.

Doch, doch, sagt Flaco. Guck, hier, ist eine Abkürzung – für Ski-Schule. Und jetzt tippt er auf den Helm und da sehe ich ein zackig geschnittenes Doppel-S.

Und weil Flaco zwei Opas hatte und wohl beide in der Skischule waren, hat Flaco genau den gleichen Helm wie ich im Rucksack, als wir paar Minuten später zwischen ganz vielen Menschen stehen, die alle britische Fähnchen zum Winken dabei haben und darauf warten, durch die Polizeikontrolle zu kommen.

Die Leute sind also tatsächlich gegen Lisbeth, Flaco hatte Recht. Ich hab das ja schon mal erlebt, dass Menschen am Straßenrand stehen und Fahnen schwenken und dagegen sind. Am 7. Oktober war das, als Honecker hier langgelaufen kam, da waren die mit den DDR-Fahnen am Straßenrand auch alle gegen ihn. Sah nicht so aus, haben die später aber alle immer wieder betont. Verrückt. Wenn man es nicht besser wüsste, könnte man meinen, die würden sich freuen. Aber da Lisbeths Sippe ja die halbe Welt unterjocht, versklavt, verstümmelt, skalpiert und ganze Völker ausgerottet hat, werden ihr die Leute ja jetzt nicht zujubeln, die sind ja nicht doof.

Ich bin Abgeordnete des Bundestags, sagt die Frau vor uns, als sie von einer Polizistin gebeten wird, ihren Rucksack zu öffnen. Ich vermute gedankenschnell, dass dieses Ich-bin-Abgeordnete-des-Bundestags so viel bedeutet wie: Nö, ich zeig dir meinen Rucksack nicht.

Diese Abgeordnete ist so eine kleine, zierliche Person, und eben war sie noch so lieb und hatte so ein mildes, so ein braves, karitatives Lächeln. Aber jetzt faucht sie wie eine Katze, wird aggressiv und schlägt um sich. Und während ich noch überlege, aus welcher Partei die Abgeordnete wohl sein könnte, fällt im Handgemenge erst ein Hammer und dann auch noch eine Sichel aus ihrem NVA-Strichtarnrucksack und jetzt kann ich mir schon denken, aus welcher Partei die ist. Ich vermute, dass die

Abgeordnete gerade aus einem Kombinat kommt oder aus einer Kolchose und nach Hause möchte und deshalb so aggressiv ist, weil sie hier nicht durch die Absperrung kommt. Und dann hebe ich Hammer und Sichel auf, nicht dass jemand drauffällt und sich am Ende noch verletzt. Und weil sich die vielen Leute vor uns jetzt mehr für die Polizistin und die Abgeordnete interessieren und weil sich die Polizistin jetzt mit der Abgeordneten prügelt, können Flaco und ich eben einfach so durch die Kontrolle und bis zur Absperrung gehen.

Guck mal, da, da kommt sie, die Queen, ruft die untersetzte Mitfünfzigerin zu meiner Linken und wedelt mit ihrem kurzen, dicken ausgestreckten Ärmchen vor meinem Gesicht herum, und jetzt kreischen und johlen die Leute hinter den Absperrungen und schwenken ihre britischen Fahnen. Und weil ich davon ausgehen muss, dass diese ganzen Lisbeth-Hasser jetzt gleich mit Eiern und Tomaten werfen werden, da Lisbeths Sippe ja die halbe Welt unterjocht, versklavt, verstümmelt, skalpiert und ganze Völker ausgerottet hat, hole ich meinen Helm aus dem Rucksack und setze ihn auf.

Ich schaue mich um, die kleine, dicke Frau zu meiner Linken guckt ein bisschen komisch. Ihr Blick pendelt zwischen Hammer und Sichel hin und her, ab und zu bleibt er an meinem Helm hängen. Das ist ein Skihelm, von früher, sage ich, wegen der Eier.

Terroristen, höre ich sie flüstern. Ich drehe mich um, sehe aber keine Terroristen, sehe nur viele, sehr viele eben noch aufgebrachte, eben noch wütende Lisbeth-Hasser, die plötzlich alle mucksmäuschenstill sind und uns anstarren. Es ist so still, dass ich Flacos Herzschlag hören kann. Dein Herzschlag, Flaco, dein Herz schlägt die englische Hymne, sage ich.

Terroristen, flüstert die Frau zu meiner Linken noch einmal, dann schiebt sie sich durch die starrende Menge und die starrende Menge schiebt sich mit ihr fort und jetzt schreien sie alle.

Flaco, ich will nach Hause, sage ich. Und dann lasse ich Hammer und Sichel fallen und dann gehen wir und dann holen wir uns bei Subway jeder ’nen Kaffee für fünf Euro.

Mandy

Mandy ist tot. Und jetzt ist sie die Letzte, die auf dem Waldfriedhof beerdigt wird. Irgendwie typisch. Mandy war ja immer die Letzte. Mandy war die Letzte, die im Herbst '89 über Ungarn in den Westen abgehauen ist. Mandy war die Letzte, die sich ein Arschgeweih tätowieren ließ. Mandy war die Letzte, die einen Sohn gebar, um ihn dann Kevin zu nennen. Und weil der Waldfriedhof nächste Woche entfernt werden soll, ist sie jetzt eben die Letzte, die auf dem Waldfriedhof beerdigt wird.

Also eigentlich sollten die Toten ja umgebettet werden. Aber das wäre zu teuer geworden. Und dann haben sich die da oben im Stadtrat eben für die billigere Variante entschieden. Und weil sie sich nicht einig waren, wie sie diese billigere Variante denn nennen sollen, haben sie die Bewohner des Alten- und Pflegeheims entscheiden lassen. Ganz demokratisch also. „Entfernen" hat ein paar Stimmen mehr bekommen als „Wegmachen". Und noch ein paar Stimmen mehr als „Beseitigen". Und deshalb wird der Friedhof jetzt eben entfernt. Und nicht weggemacht. Und auch nicht beseitigt. Oder annulliert. Oder was es sonst noch so für – teilweise echt schräge – Vorschläge gab. Entfernt also. Und dann wird hier ein Kernkraftwerk mit integriertem Atommüllendlager gebaut. Für die Stromgewinnung.

Also eigentlich wollte der Stadtrat den Friedhof ja entfernen, um hier ein Containerdorf für Asylanten hinstellen zu können. Aber es gab Proteste aus der Bevölkerung. Und deshalb wird hier jetzt dieses Kernkraftwerk mit integriertem Atommüllendlager gebaut. Das ist ein Kompromiss, mit dem wir leben können.

Obwohl ich recht skeptisch bin, dass dieses Kernkraftwerk jemals ans Netz gehen wird, weil die in Deutschland ja alle abgeschaltet werden sollen. Und dann steht hier ein Kernkraftwerk und keiner brauchts.

Ey, guck dir das an, sagt Flaco und zeigt auf ein Müllauto, das vor dem Friedhof steht. Das ist doch nicht richtig, dass man so was mit den Toten macht.

Was denn macht?, frage ich.

Na das, sagt er und nickt diesem Müllauto zu. Und dann fängt Kevin an zu weinen.

Kevin. Also eigentlich wollten wir Kevin ja gar nicht mit auf den Friedhof nehmen. Weil Pfarrer Müller ja immer so unruhig wird, wenn er kleine Jungs sieht. Aber es ist ja schließlich seine Mutter, die heute beerdigt wird. Und wir hätten Mandy gern im Sarg beerdigt. Aber in den Gräbern darf nichts bleiben, da muss alles raus, weil die Grablöcher für die Fässer mit dem Atommüll gebraucht werden. Und weil Mandy hier in einer Woche wieder weg muss und dann noch so viel von ihr übrig wäre, hat die Friedhofsverwaltung eben auf eine Feuerbestattung bestanden.

Wir kaufen Kevin schnell noch ein Eis, dann gehen wir auf den Friedhof. Ich bin gern hier. Ich gehe gern an den efeubewachsenen Gebäuden entlang, sitze gern unter den hohen Eichen, sehe den alten Leuten gern beim Blümchengießen oder Unkrautzupfen zu; ich mag die Ruhe hier, ich mag es, die Inschriften auf den Grabsteinen zu lesen.

Und weil die alten Eichen unter Naturschutz stehen, dürfen sie nicht gefällt werden, wenn das Kernkraftwerk gebaut wird. Also wird man wohl an den Eichen vorbeibauen oder sie irgendwie in die Architektur des Kraftwerks integrieren müssen. Aber vielleicht sieht das ja sogar ganz hübsch aus, wenn so ’n paar alte Eichen aus ’nem Reaktor rauswachsen, wer weiß.

Ich hatte ja schon vermutet, dass wohl nicht ganz so viele Leute zu Mandys Beerdigung kommen würden, sie war ja ’ne Einzelgängerin, hatte kein Geld, sah nicht gut aus und war nicht witzig. Aber dass jetzt nur der dicke Ackermann hier ist, das macht mich doch ein bisschen traurig.

So viel hatte ich ja auch nicht mit ihr zu tun, sie hat halt bei mir im Haus gewohnt. Ich möchte keine Kinder, zumindest keine leibeigenen, hat sie mal zu mir gesagt, als wir uns beim Müllwegbringen getroffen haben. Und ein paar Wochen später war sie dann schwanger. Und dann hat sie halt ihr Kind bekommen, ihr leibeigenes.

Jedenfalls steht da jetzt nur der dicke Ackermann. Die Leute sagen ja, dass Kevin von ihm ist. Aber Mandy hat nie verraten, wer Kevins Vater ist, vielleicht wusste sie es selbst nicht so genau, soll es ja geben.

Na, Ackermann, alles gut?, fragt Flaco und klopft ihm aufmunternd auf die Schulter.

Ackermann guckt ’n bisschen komisch. Er trinkt einen Schluck Schnaps und sagt: Das Schlimmste, was es gibt, ist aufhören zu saufen.

Und weil der Moment echt unpassend ist, um ihn davon zu überzeugen, dass das Quatsch ist, was er da gerade gesagt hat, schweigen wir uns an.

Und während wir so schweigen, sehe ich den alten Krüger vor der Trauerhalle stehen. Hans Krüger. 1938 von den Nationalsozialisten erschossen, weil er gegen die Gleichschaltung der Medien im Deutschen Reich protestierte. Und 1965 von den Kommunisten enthauptet, weil er sich für Pressefreiheit in der DDR einsetzte. Und vor ein paar Monaten dann von den deutschen Medien mundtot gemacht, weil er gegen ihre Agitation und überhaupt ihren ganzen manipulativen Journalismus aufbegehrte.

Hans Krüger. Und jetzt steht er da und versteht nicht, warum man ihm, nach all dem Leid, das ihm widerfahren ist, nun auch noch sein Grab wegnehmen will.

Wie ist denn Mandy eigentlich gestorben?, fragt Ackermann.

Ich weiß es nicht, antworte ich. Ich weiß es nicht.

Die Versteigerung einer kriminellen Frau

Ich stehe vor einem Auktionshaus und warte auf meinen Freund Flaco. Wir wollen zu der Versteigerung einer kriminellen Frau. Was auch immer die Frau getan hat, ich finde es problematisch, dass sie versteigert werden soll. Und während ich da so stehe und auf Flaco warte, sehe ich einen Mann, der eine Leiter an eine Straßenlaterne lehnt, die Leiter hinaufsteigt und mit Kabelbindern versucht, ein Wahlplakat an dieser Laterne zu befestigen. *Hier könnte ein Nazi hängen*, steht auf dem Plakat.

Wenig später betreten Flaco und ich den Saal, in dem die Versteigerung stattfinden soll. Auf einer breiten, nicht besonders tiefen Bühne stehen ein Rednerpult und eine junge, zierliche Frau. Die Frau ist nackt, ihre langen, blonden Haare sind zum Zopf gebunden, sie ist untätowiert. Was hat die Frau denn verbrochen?, frage ich Flaco.

Es heißt, sie sei für den Klimawandel verantwortlich, antwortet er. Eigentlich sollte sie verbrannt werden, aber jetzt wird sie halt versteigert.

Schweigend schaue ich mich um, ob ich vielleicht bekannte Gesichter sehe. Ein dicker, adrett im Anzug gekleideter, schwitzender Mann fällt mir auf. Entschuldigen Sie bitte, spreche ich ihn an, aber ich frage mich gerade, ob – und wenn ja, warum – Sie die Frau wohl ersteigern wollen?

Um mit ihr zu schlafen, antwortet er. Sie muss nicht für mich kochen oder für mich putzen, nein, so einer bin ich nicht, ich will nur Sex mit ihr.

Ach so, sage ich und gehe weiter. Ein Pfarrer kreuzt meinen Weg. Herr Pfarrer?, frage ich überrascht. Wollen Sie diese Frau etwa auch ersteigern?

Um Gottes willen, antwortet er lächelnd und winkt ab. Ich will die Frau nicht, nein, ich warte auf die nächste Versteigerung, auf den neunjährigen Knaben, an dem bin ich interessiert, ja, ja.

Ah, ach so, sage ich und gehe weiter, setze mich auf einen freien Stuhl in der ersten Reihe. Und Sie? Warum wollen Sie die Frau ersteigern?, frage ich die häkelnde Frau neben mir.

Ach, wissen Sie, antwortet die Frau, meine Kinder engagieren sich ja sehr für die Umwelt, sie besitzen Tagebaue, nehmen an Demonstrationen für den Klimaschutz …

Besitzen Tagebaue?, falle ich der Frau verblüfft ins Wort.

Besetzen Tagebaue, verbessert sie sich. Ich wollte sagen, sie besetzen Tagebaue, ja. Ja, und sie nehmen an Demonstrationen für den Klimaschutz teil und so weiter. Und weil sie noch keinen Führerschein haben, habe ich sie bisher immer zu den Demonstrationen gefahren. Aber das wird mir langsam zu viel, ich habe ja auch ein eigenes Leben, eigene Interessen.

Und darum möchte ich diese Frau da gern als Fahrerin …

Und während die häkelnde Frau noch mit mir redet, fällt mir dieses alte chinesische Sprichwort wieder ein: Auf einem Berg können nicht gleichzeitig zwei Tiger leben.

So erhebe ich mich von meinem Stuhl, springe katzenhaft geschmeidig auf die Bühne, stelle mich ans Rednerpult und rufe den im Saal versammelten Personen zu: Auf einem Berg können nicht gleichzeitig zwei Tiger leben!

Worauf eine Panik ausbricht, bei der mehrere Menschen niedergetrampelt werden. Und als ob das nicht schon schlimm genug wäre, sehe ich, als ich das Auktionshaus verlassen habe, dass dieser Wahlkampfhelfer stranguliert an dem Plakat hängt, das er eben aufgehängt hat.

Was ist denn passiert?, möchte ich wissen.

Er ist von der Leiter gefallen, antwortet mir eine Frau, und dabei ist er mit dem Kopf in der Kabelbinderschlinge hängen geblieben.

In der Kabelbinderschlinge?, frage ich bestürzt und sehe einen kleinen, wütenden Mann auf mich zugestürmt kommen.

Sie sind der Idiot, schreit er mich an, der diesen Text geschrieben hat! Diesen Text, in dem sich mein Parteibuddy erhängt! Am Wahlplakat! Das ist geschmacklos! Ihre Fantasie ist geschmacklos!

Nicht meine Fantasie ist geschmacklos, eure ist es, sage ich und sehe im Augenwinkel die nackte Frau neben mir stehen.

Eine Kerze leuchtet anderen und schwächt sich dabei selbst, sagt sie. Und ich erwidere – ebenfalls mit einem chinesischen Sprichwort: Ein gescheiter Vogel wählt den Baum aus, auf dem er rastet.

Und weil die Frau friert, gebe ich ihr meine Jacke, dann bringe ich sie schnell in Sicherheit, bevor der wütende Mob sie am Ende noch dafür verantwortlich macht, dass der Mann tot am Wahlplakat hängt.

Deine Mutter

Ich sitze im Zug, ein Junge mit blonden Haaren und Sommersprossen sitzt mir gegenüber und starrt mich an. Er ist wohl zwischen sechs und zehn Jahre alt, vielleicht aber auch jünger oder älter; je älter ich werde, umso schwerer fällt es mir, das Alter junger Menschen annähernd richtig zu schätzen. Seine schlafende Mutter sitzt neben ihm, sie ist so alt wie ich (je älter ich werde, umso leichter fällt es mir, das Alter alter Menschen richtig zu schätzen).

Ist was?, frage ich den Jungen und gebe mir große Mühe, ihm einen bösen Blick zuzuwerfen (je älter ich werde, umso strenger bin ich zu Kindern, um bloß nicht unterstellt zu bekommen, ich wäre pädophil oder so).

Der Junge reagiert aber anders, als ich es erwartet hätte, wenn ich denn irgendwas erwartet hätte. Er sitzt da ganz ruhig, guckt mich an und sagt: Ich packe meinen Koffer und nehme mit: eine Kugel.

Ich bin mir nicht sicher, ob ich das richtig verstehe, vermute aber, er möchte, dass ich mit ihm spiele. Ich packe meinen Koffer, sage ich, und nehme mit: eine Kugel und eine Hose.

Ich packe meinen Koffer, sagt der Junge, und nehme mit: eine Kugel, eine Hose und einen Vorhang.

Ach, einen Vorhang also, denke ich und sage: Ich packe meinen Koffer und nehme mit: eine Kugel, eine Hose, einen Vorhang und eine Sonnenbrille.

Er schweigt kurz, er scheint zu überlegen oder mich zu mustern, dann sagt er: Ich packe meinen Koffer und nehme mit: eine Kugel, eine Hose, einen Vorhang, eine Sonnenbrille und Herbstlaub.

Herbstlaub, nun gut, denke ich und sage: Ich packe meinen Koffer und nehme mit: eine Kugel, eine Hose, einen Vorhang, eine Sonnenbrille, Herbstlaub und – und eine Mütze.

Ich packe meinen Koffer, sagt der Junge, und nehme mit: eine Kugel, eine Hose, einen Vorhang, eine Sonnenbrille, Herbstlaub, eine Mütze und einen Dachboden.

Einen Dachboden?, frage ich überrascht. Aber man kann einen Dachboden nicht in einen Koffer packen.

Doch, sagt er, in meiner Wahrnehmung schon.

Ach, in deiner Wahrnehmung also schon, denke ich und sage: Ich packe meinen Koffer und nehme mit: eine Kugel, eine Hose, einen Vorhang, eine Sonnenbrille, Herbstlaub, eine Mütze, einen Dachboden und – und Rauch.

Ha, denke ich, das hat gesessen. Er aber guckt mich unbeeindruckt an und sagt: Ich packe meinen Koffer und nehme mit: eine Kugel, eine Hose, einen Vorhang, eine Sonnenbrille, Herbstlaub, eine Mütze, einen Dachboden, Rauch und deine Mutter.

Meine Mutter?, frage ich irritiert.

Nein, deine Mutter, antwortet er ruhig.

Zugegeben, der Junge imponiert mir irgendwie. Und ich muss mir eingestehen, dass er das Spiel souveräner spielt als ich. Du kleiner Mistkerl, denke ich und sage: Ich packe meinen Koffer und nehme mit: eine Kugel, eine Hose, – einen Vorhang, eine Mütze, Herbstlaub, einen – eine Sonnenbrille, – einen Dachboden, Rauch, deine Mutter – und Taschentücher.

Leider habe ich nicht bemerkt, dass seine Mutter inzwischen aufgewacht ist. Wie bitte?, fragt sie und guckt mich ähnlich streng an wie ich eben ihren Jungen. Warum wollen Sie denn die Mutter meines Sohnes in Ihren Koffer packen?

Neinneinnein, winke ich gleich entschieden ab, nicht seine Mutter. Deine Mutter. Deine Mutter nehme ich mit.

Meine Mutter?, fragt die Frau.

Nein, deine Mutter, erkläre ich wieder, dann gucke ich den Jungen an und sehe ein verschmitztes Grinsen in seinem Gesicht.

Was sind Sie denn für ein seltsamer Mensch?, fragt die Frau.

Na gut, sage ich, nehme meinen Koffer und suche mir einen anderen Sitzplatz (je älter ich werde, umso entschiedener vermeide ich es, anstrengende Gespräche zu führen).

Astrid

Heute Nachmittag, als Astrid auf dieser Wahlkampfbühne stand und die Leute zu einem behutsamen Umgang mit der Natur ermahnte und die Notwendigkeit der Nachhaltigkeit betonte, da hörte ich ihr aufmerksam zu.

Jetzt stehen wir uns vor dieser Bühne gegenüber, sie raucht eine Zigarette und möchte von mir wissen, was für eine Blume ich wohl wäre, wenn ich denn eine Blume wäre.

Eine Zigarette ist definitiv kein nachhaltiges Produkt, denke ich und sage: Vielleicht eine Sumpfdotterblume.

Heute Nachmittag, als Astrid auf dieser Wahlkampfbühne stand und den rücksichtslosen Umgang der Industrie mit der Umwelt anprangerte und ökologische Sichtweisen vermittelte, da war ich von ihr fasziniert.

Jetzt sind wir auf dem Weg zu Astrids Auto, sie trinkt einen Kaffee im Pappbecher und möchte von mir wissen, welches Gemüse ich wohl wäre, wenn ich denn ein Gemüse wäre.

Dieser Pappbecher ist mit Polymeren beschichtet, denke ich und sage: Vielleicht Rhabarber.

Heute Nachmittag, als Astrid mir diesen *Bio macht schön*-Jutebeutel schenkte, da bedankte ich mich mit einem Lächeln.

Jetzt sitze ich neben ihr in ihrem alten T3-Bus, sie raucht die nächste Zigarette und möchte von mir wissen, was für ein Baum ich wohl wäre, wenn ich denn ein Baum wäre.

Dieser Dieselmotor ist definitiv schlecht für die Umwelt, der stößt Unmengen Stickoxide aus, denke ich und sage: Wenn ich ein Baum wäre, wäre ich vielleicht eine Trauerweide.

Heute Nachmittag, als Astrid mir diesen *Zukunft wird aus Mut gemacht*-Kugelschreiber schenkte, da verliebte ich mich in sie.

Jetzt sitze ich auf ihrem Bett, sie zieht sich Jeans und Bluse aus und möchte von mir wissen, was für eine Farbe ich wohl wäre, wenn ich denn eine Farbe wäre.

Für die Herstellung ihrer Jeans wurden sechstausend Liter Wasser verbraucht und ihre Bluse, die wurde in Bangladesch hergestellt, denke ich und sage: Wenn ich eine Farbe wäre, wäre ich vielleicht Beige.

Heute Nachmittag, als Astrid diesen *Gentechnik macht impotent*-Aufkleber auf meine Thermoskanne klebte, da konnte ich mir ein Leben ohne sie nicht mehr vorstellen.

Jetzt liegen wir auf ihrem Bett, sie reicht mir ein Kondom und möchte von mir wissen, was für ein Tier ich wohl wäre, wenn ich denn ein Tier wäre.

Dieses Kondom wurde definitiv aus Naturkautschuk und damit unter miesen Arbeitsbedingungen und unter katastrophalen Auswirkungen für die Umwelt in Asien, Afrika oder Südamerika produziert, denke ich und sage: Wenn ich ein Tier wäre, wäre ich vielleicht ein Karnickel.

Heute Nachmittag, als Astrid mich fragte, ob ich nicht mit zu ihr kommen wolle, folgte ich ihr wortlos.

Jetzt liegen wir beide entblößt, erschöpft auf ihrem Bett, sie raucht die nächste Zigarette und fragt mich, wann wir uns denn wiedersehen.

Nun ja, also weißt du, Astrid, also, das ist ja so, antworte ich ihr, während ich recht zügig aufstehe, um meine Hose wieder anzuziehen, also, vielleicht habe ich mich ja ein bisschen in dir getäuscht, ja, also, heute, da auf der Bühne, was du da gesagt hast, Astrid, das fand ich wirklich toll, da war ich beeindruckt. Aber dann, Astrid, also, du rauchst und du trinkst Kaffee aus Pappbechern, und dein Auto hat einen alten Dieselmotor, und Kondome, du kaufst Kondome, und überhaupt, dein Häuschen hier im Grünen, das du dir selbst gebaut hast, weil du ja so naturverbunden bist, also, die Tiere, die hier früher gelebt haben, die haben sich bestimmt total gefreut, dass du das Haus hier hingestellt hast. Astrid, sei mir bitte nicht böse, aber, mit Verlaub, aber du, Astrid, du bist Deutschland: eine Blenderin, eine Heuchlerin, eine ...

Äh? Eine Blenderin?, unterbricht sie mich. Warum sagst du das? Und warum sagst du das jetzt, nachdem du mich … nachdem du mich …? Warum nicht vorher, hm? Mit allerhand Wut in den Augen verlässt sie das Zimmer, um wenig später mit einem Besenstiel zurückzukommen. Das ist ein Brennstab, ruft sie, während sie damit auf mich einschlägt, ein Brennstab aus Tschernobyl, so!

Ha, zerbrochen!, rufe ich, als der Besenstiel zerbrochen ist, worauf Astrid eine Pistole aus ihrem Kleiderschrank holt, damit auf mich zielt und zwei Mal abdrückt.

Ha, rufe ich, von einem kalten Wasserstrahl getroffen, ha, Kernkraft ist nicht nachhaltig und Waffen sind es auch nicht, nein, gar nicht nachhaltig, du Blenderin.

Das hast du dir selbst zuzuschreiben, schluchzt Astrid und lässt die Spritzpistole achtlos zu Boden fallen. Ja, das hast du dir selbst zuzuschreiben, warum hast du auch so gemeine Sachen zu mir gesagt. Dann holt sie eine Flasche Palmöl aus dem Kleiderschrank und trinkt einen Schluck.

Und während ich mich nun ganz still und heimlich aus dem Staub mache, denke ich: Palmöl ist gar nicht gut für die Umwelt. Für Ölpalmen-Plantagen werden die tropischen Regenwälder und damit der

Lebensraum des Orang Utan und vieler anderer Tiere zerstört. Und dieser Kleiderschrank, der ist aus Tropen-Holz.

Undank ist des Nackten Lohn

Ich liege auf dem Rücken, unter mir der Sand, hinter mir ein Birkenwäldchen, vor mir der See und über mir der Himmel, blau, wolkenlos, so breit und friedlich. Ich schließe die Augen und öffne sie erst wieder, als ich Hilferufe höre: Hilfe! Hilfe, ich ertrinke, sieht denn niemand, dass ich winke? Hilfe! Hilfe, ich ertrinke, ist ein Retter hier? Ich sinke.

Schiffe sinken, aber doch keine Menschen, denke ich, lege mein Kinn auf die Brust und sehe den Kopf einer Frau im stillen See auf- und untertauchen. Hilfe! Hilfe, ich ertrinke, sieht denn niemand, dass ich winke?, ruft sie wieder.

Na, da hat sie aber Glück, dass ich Rettungsschwimmer bin, denke ich und springe in den See, um sie zu retten.

Ich glaube, das ist ein schönes Bild, als ich wenig später mit der Frau im Arm aus dem See steige, recht heldenhaft sieht das wohl aus. Leider ist der Strand beinahe menschenleer, nur ein Mann steht schweigend am Ufer.

Oh, Liebling, ruft sie ihm zu. Und noch während ich die Frau zu ihrem Liebling trage, fällt mir auf, dass alle meine Sachen weg sind, sogar mein Schlüpfer.

Entschuldigen Sie, spreche ich den Mann an, aber haben Sie vielleicht gesehen, was mit meinen Sachen passiert ist?

Oh, das tut mir leid, antwortet er, ich habe nichts gesehen, nein, ich bin ja blind.

Ach so, blind, sage ich und gehe meine Sachen suchen, finde sie aber nicht, nur mein angeschlossenes Fahrrad steht noch immer an der Birke, an die ich es gelehnt habe. Entschuldigung, spreche ich den Mann noch einmal an, das ist mir jetzt etwas peinlich, aber haben Sie vielleicht ein Kleidungsstück für mich? Also eine Badehose oder einen Schlüpfer vielleicht? Ich bin ja ganz nackt.

Hm, tut mir leid, antwortet er, aber alle unsere Klamotten hier, sogar die Unterwäsche, haben wir ja von meiner verstorbenen Mutti geschenkt bekommen, wir hängen sehr daran, das ist was Persönliches, verstehen Sie?

Aber ich verstehe es nicht. Ich habe seiner Freundin das Leben gerettet und er will mir seinen Schlüpfer nicht geben? Das ist doch herzlos, denke ich und möchte gehen, weiß aber nicht, wohin ich gehen soll. Diese Situation ist ganz und gar ungewohnt für mich, noch nie zuvor habe ich einen öffentlichen Ort nackt verlassen.

In meiner Verzweiflung fällt mir nur Tante Elvira ein. So ist das eben, wenn du Einzelgänger bist, denke ich, dann musst du dir zwar keine Gedanken wegen Geburtstagsgeschenken machen, hast aber auch niemanden, zu dem du gehen kannst, wenn dir am See die Sachen geklaut wurden. Tante Elvira arbeitet in einer Kaufhalle am anderen Ende der Stadt, mindestens zwei Kindergärten und drei Grundschulen liegen auf dem Weg. Vielleicht ist es besser, nicht den direkten Weg zu nehmen, denke ich und laufe los.

Auf den ersten Metern, barfuß im lichten Birkenwäldchen, habe ich den Eindruck, ganz im Einklang mit der Natur zu sein, meine Nacktheit fühlt sich gut an. Doch hinter jedem Wäldchen lauert ein Weg. Und jeder Weg führt in eine Stadt. Und in jeder Stadt gibt es Menschen. Und diese Menschen gaffen mich an. Ihre Blicke sind so unangenehm, dass ich ihnen ausweiche, schließlich schaue ich nur noch auf meine Füße. Aber meine Zehen gefallen mir nicht. Vielleicht liegt es ja am Gehen, denke ich und bleibe stehen, aber, aber, auch beim Stehen, hab ich keine schönen Zehen. Zwar hab ich keine schönen Zehen, kann jedoch nicht widerstehen, sie beim Gehen und beim Stehen immer wieder anzusehen.

Irgendwann wird mir vom Betrachten meiner Zehen schwindlig. Ich hebe den Kopf, blicke mich um und sehe einen alten, nackten Mann hinter mir.

Laufen Sie nackt durch die Stadt, spricht er mich an, um auf die Diskriminierung der Alten und der Kleingewachsenen und der Ostdeutschen aufmerksam zu machen? Protestieren Sie gegen die Diskriminierung jener Gesellschaftsgruppen, die keine Hashtags haben, ja?

Finden Sie denn, dass ich alt und klein bin?, frage ich überrascht.

Nun ja, sagt er, man muss ja nicht alt und klein sein, um gegen die Diskriminierung der Alten und Kleinen zu protestieren, oder?

Das stimmt, aber ich bin nackt, weil mir meine Sachen geklaut wurden, erkläre ich ihm.

Schade, das ist sehr schade, sagt er, zieht sich an und geht weiter.

Ich gucke ihm noch eine Weile nach, dann folge ich der Straße, die zu der Penny-Kaufhalle führt, in der Tante Elvira arbeitet.

Als ich endlich angekommen bin, bedecke ich erst mein Geschlecht mit einem leeren Karton, dann spreche ich die Verkäuferin an: Entschuldigen Sie, ich möchte zu Ihrer Kollegin Elvira, ich bin Elviras Neffe.

Da guckt sie mich entgeistert an, schüttelt den Kopf und sagt: Elvira ist tot, sie wurde von einer Palette genmanipuliertem Mais erschlagen. Aber das ist bestimmt schon zehn Jahre her.

Tot?, frage ich bestürzt und verlasse überstürzt die Kaufhalle. Und wie ich nun vor der Kaufhalle stehe, denke ich: Würden die Menschen keinen genmanipulierten Mais essen, dann würde Tante Elvira vielleicht noch leben.

Vor dem Penny ist eine Frau so angestrengt damit beschäftigt, Einkäufe im Kofferraum ihres Autos zu verstauen, dass sie ihren noch mit zwei Kleinkindern und einer Packung Windeln beladenen Einkaufswagen aus den Augen verliert. Und jetzt rollt dieser Einkaufswagen den leicht abschüssigen Parkplatz hinunter, auf die stark befahrene Schnellstraße zu. Gedankenschnell renne ich ihm hinterher und erreiche ihn gerade noch rechtzeitig. Dummerweise fällt der Frau erst jetzt auf, dass ihr Einkaufswagen weg ist. Sie sieht mich mit dem Wagen vor der Schnellstraße stehen und schreit: Hilfe, meine Kinder, schaut! Der nackte Mann hat sie geklaut!

Und prompt bin ich von vielen aufgebrachten Menschen umringt, die mich beschimpfen und beleidigen und nach der Polizei rufen.

Es dauert auch gar nicht lange, bis die Polizei da ist. Und als ich wenig später – mit nichts als einem Paar Handschellen bekleidet – auf dem Rücksitz eines Polizeiautos durch die Stadt gefahren werde, sehe ich doch tatsächlich den blinden Mann vom See auf meinem Fahrrad über eine Kreuzung fahren. Oh, denke ich, oh, oh, wenn man blind ist, sollte man aber nicht mit einem Fahrrad durch die Stadt fahren, das ist gefährlich.

Clara Hübner

Clara Hübner war meine erste feste Freundin. Sie ging in meine Parallelklasse. Das hielt zwar nicht lange, vielleicht drei Monate, schockiert war ich trotzdem, als ich vor ein paar Tagen von Flaco erfahren habe, dass Clara gestorben ist. Und weil sie meine erste feste Freundin war, habe ich mich entschlossen, zu ihrer Beerdigung zu gehen, auch wenn wir schon seit Jahren überhaupt keinen Kontakt mehr hatten.

Als es den alten Waldfriedhof noch gab, war ich gern dort. Ich ging gern an den efeubewachsenen Gebäuden entlang, saß gern unter den hohen Eichen, sah den alten Leuten gern beim Blümchengießen oder Unkrautzupfen zu, ich mochte die Ruhe dort, ich mochte es, die Inschriften auf den Grabsteinen zu lesen.

Der neue Friedhof passt ganz gut zur Gegenwart: Er ist hässlich. Alle Grabsteine sind gleich groß, haben die gleiche Form, sind quadratisch und aus Sichtbeton.

Vor einem der Gräber bleibe ich stehen. Hier liegt Karl Weilich begraben – *Farm der Tiere* war sein Lieblingsbuch, steht auf dem Grabstein. Ich kannte diesen Mann nicht, aber ich vermute, er gehörte zu den guten Menschen. Eine alte, zierliche Frau spricht mich an: Mein Herr, auf einer Skala von 1 bis 10, was glauben Sie, wie lange diese Inschrift geduldet wird?

Vielleicht ist die Frau eine Angehörige des Toten, vielleicht aber auch nicht. Nun ja, sage ich, wir leben in recht unruhigen Zeiten. Das ist eine mutige Inschrift, aber … 2 oder 3, mehr Hoffnung habe ich da nicht.

Ja, unruhige Zeiten, sagt sie leise und starrt auf den Grabstein.

Ich gehe weiter, auch die Trauerhalle hat eine schlichte, einfache Form; auf ihrem Flachdach steht eine Tomatenstaude. Komisch, denke ich, während ich auf die Trauerhalle zugehe, vor der sich einige Personen aufhalten, die allesamt schwarze Kleidung tragen. Ich blicke mich um, sehe aber kein einziges bekanntes Gesicht. Wenigstens Claras Schwester Sofie müsste ich doch wiedererkennen, sie war schließlich meine zweite feste Freundin. Oder ihre Eltern. Mit Herrn Hübner spielte ich manchmal Schach, wenn Clara oder Sofie mal wieder länger im Bad brauchten. (Meistens ließ ich Herrn Hübner gewinnen, obwohl mir das nie leichtfiel, da er ein ganz, ganz schlechter Schachspieler war.)

Und wie ich da nun so stehe und Ausschau halte nach Personen, die ich kennen könnte, kommt eine etwas ältere Frau auf mich zu. Entschuldigen Sie bitte, spricht sie mich an, nachdem wir uns zurückhaltend zugenickt haben, aber darf ich Sie fragen, woher Sie die Verstorbene kennen?

Ich überlege kurz, doch weil die Frau sich mir nicht vorgestellt hat, verzichte ich auf eine Beileidsbekundung und sage: Clara und ich, vor ein paar Jahren, da waren wir sehr verliebt ineinander. Und so möchte ich ihr heute die letzte Ehre erweisen; sie war ein großartiger Mensch.

Die Frau macht auf dem Absatz kehrt und geht zu einer Menschentraube, die mich argwöhnisch betrachtet. Die Blicke der Menschen verfinstern sich, als die Frau zu ihnen spricht, sie tuscheln aufgeregt, schließlich löst sich ein älterer Herr aus der Traube, er kommt auf mich zu und sagt: Sie Flegel, schämen Sie sich, die Ehre meiner Mutter so mit Schmutz zu besudeln. Verschwinden Sie von hier!

Ihrer Mutter?, frage ich überrascht.

Meine Mutter Clara Hübner, spricht der Mann weiter, war meinem Vater zweiundsechzig Jahre lang in Treue ergeben, warum also in Teufels Namen erzählen Sie, sie wäre in Sie verliebt gewesen und überhaupt, was machen Sie hier?

Da ahne ich, dass die Clara Hübner, die heute hier beerdigt wird, gar nicht die Clara Hübner ist, mit der ich als sechzehnjähriger Junge verliebt unter der Trauerweide am Gondelteich Schere-Stein-Papier spielte.

Entschuldigen Sie bitte, dann ist das ein Missverständnis, eine Verwechslung, sage ich zu dem Mann und verlasse zügig den Friedhof.

Wenn Emma ins Theater geht

Heute Morgen, als ich in der Küche saß und Erbsensuppe löffelte, fragte mich Emma, ob ich nicht Lust hätte, mit ihr ins Theater zugehen, zu Goethes *Faust*. Und jetzt sitze ich hier im Theater, warte darauf, dass die Pause zu Ende ist und betrachte Emmas kompromissloses Lächeln.

Na du, sagt sie, als sie bemerkt, dass ich sie anschaue, was macht der Hals?

Vier Wochen ist es inzwischen her, dass wir zu Bram Stokers *Dracula* im Theater waren, vier Wochen ist es her, dass Emma mich in die Halsschlagader gebissen hat. Ja, geht ganz gut, antworte ich und versuche zu lächeln.

Ich bin Emma deswegen aber nicht böse. Also dass sie mich in den Hals gebissen hat. Emma fühlt eben das Theater, sie ist dann mitunter so berauscht, so begeistert von den Stücken, so gefangen in der Handlung, dass sie nicht mehr in der Lage ist, die nötige Distanz zu wahren.

Weißt du, fragt sie mich, warum ich mein Telefon auf Flugzeugmodus gestellt habe?

Weil wir im Theater sind und das Stück jetzt weitergeht, vermute und antworte ich.

Emma aber schüttelt erst den Kopf und sagt dann: Oh, nein, den Flugzeugmodus habe ich gewählt, /

weil du die Schwermut hast von meinem Herz geschält, / weil du mir Segen bist und Liebe und Gewinn, / weil ich mit dir, mein Schatz, im siebten Himmel bin.

Wie gern würde ich mich über ihre Worte freuen. Aber dass sie plötzlich in Versform spricht, lässt mich vor Angst erzittern. Emma, sage ich und greife nach ihrer Hand und überlege, was jetzt noch helfen könnte, das Schlimmste zu verhindern. Doch da ist die Pause auch schon zu Ende, das Licht geht aus, der Vorhang hebt sich und die Straßen-Szene aus Goethes *Faust* beginnt.

Glockengeläut erklingt, Margarete betritt die Bühne, Faust kommt ihr entgegen und spricht sie an: Mein schönes Fräulein, darf ich wagen, / meinen Arm und Geleit Ihr anzutragen?

Doch bevor Gretchen ihm antworten kann, ist Emma schon auf die Bühne gesprungen. Emma, nein!, rufe ich noch, aber vergebens, sie reißt Faust zu Boden, beugt sich über ihn und spricht:

Lass ab von ihr, du bringst ihr Not, / du bist des Gretchens früher Tod. / Nur lüstern, geil, erbarmungslos, / begehrst du nach des Mädchens Schoß. / Hinweg mit dir, du Penis-Schwein, / du sollst nicht Gretchens Unglück sein.

Oh, oh, denke ich und eile zum Bühnenrand. Emma, bitte, sage ich leise, während sich Gretchen und Faust irritierte Blicke zuwerfen. Emma, bitte, komm da runter, das ist doch nur ein Theaterstück, bitte …

Eine alte Frau in der ersten Reihe zischt mich an. Setzen Sie sich wieder hin, junger Mann, fordert sie mich auf, Sie stören doch die Aufführung.

Ich störe die Aufführung?, frage ich mich und strecke Emma meine Hand entgegen. Emma, rufe ich ihr zu, willst du da bitte runterkommen! / Dein Blick aufs Ganze scheint verschwommen, / ach, du Holde, hör mein Flehen, / du solltest nicht da oben stehen.

Sie aber ignoriert mich und wendet sich Gretchen zu: Oh, schau nur, sagt sie, dieser Lüstling, dieser Faust, / wie mir vor seiner Fratze graust! / Willst du dein irdisch Dasein noch verlängern, / so hüte dich vor ihm und allen Männern. / Dieses Geschlecht ist gar so düster wie die Nacht, / es hat uns Frauen nichts als ewig Leid gebracht.

Ach, krass, denke ich, überrascht, solche radikalen Ansichten aus dem Mund meiner Freundin zu hören. Aber vielleicht bin ich ja gerade gar nicht Emmas Freund, wer weiß, in welcher Rolle sie sich gerade selbst sieht.

Mephisto betritt die Bühne. Hinfort mit dir, hinfort!, ruft er Emma zu. Hinfort, hinfort!

Emma aber wirkt unbeeindruckt. Du braves Gretchen gib stets acht, ruft sie, denn eines Mannes Penis macht / all deine Hoffnungen kaputt; / ja, nichts als nur ein Häufchen Schutt / bleibt zurück von deinem Leben, / hast du dich ihm hingegeben.

Hier und da klatschen Leute im Publikum Beifall, sogar Wuhu-Rufe gibt es. Krass, denke ich und sehe, wie Mephisto angestrengt lächelnd versucht, Emma vorsichtig von der Bühne zu schieben. Hinfort, hinfort, sagt er wieder. Hinfort.

Emma aber geht nicht hinfort. So wage er es nicht, mich anzufassen, / hängt er an seinem Leben, sollt er's lassen, faucht sie ihn an.

Und statt besonnen zu agieren und eine Eskalation zu vermeiden, packt er sie jetzt auch noch am Arm, dieser Tor, um sie von der Bühne zu ziehen. Doch von Emmas Knie am Gemächt getroffen, fällt er ihr stöhnend, vom Schmerz gezeichnet, vor die Füße.

Emma, bitte, komm da runter, flehe ich sie an und höre wieder das Zischen der alten Frau.

Setzen Sie sich hin, junger Mann, fordert sie mich auf, Sie stören ja die Aufführung.

Das habe ich, pardon, ja nicht gewollt, / doch, Gnädigste, Ihr irrt, wenn Ihr mir grollt, flüstere ich ihr zu und sehe im Augenwinkel Fausts Kopf aus dem Schatten auftauchen.

Nach der Unschuld dieser Frau, faucht Emma ihn an, begehrest du, du eitler Pfau. / Doch weil du bloß ein Chauvinist, / ein Blender und Betrüger bist, / bleibt dir des Gretchens Schoß verwehrt, / du bist es nicht, der es entehrt.

Und von Emmas zornigem Blick getroffen, stürzt er im nächsten Moment, jammernd und seufzend, wieder zu Boden.

Der Vorhang fällt, Applaus und Jubel branden auf, die Leute erheben sich von ihren Sitzen. Krass, denke ich und pupse. Zwar aus Versehen, aber doch so laut, dass es augenblicklich wieder mucksmäuschenstill ist. Emma lächelt mich an. Zwei Wochen ist es inzwischen her, dass wir zu einer *Woyzeck*-Aufführung im Theater waren, seit zwei Wochen bekomme ich von Emma nur noch Erbsen zu essen. Ich werfe ihr verliebte Blicke zu, nächste Woche gehen wir wieder ins Theater, dann zu *Romeo und Julia*, darauf freu ich mich schon sehr.

Natascha

Frühling: Ich bin in der Bibliothek, lehne an einem alten Kachelofen und träume mich mit *Effi Briest* aus meinem harten, beschwerlichen Alltag; mein Vater steht neben mir und spielt mit Luftballons. Da kommt eine junge Frau auf uns zu, zieht ein *Batman*-Video aus dem Regal und sagt:

Den Menschen heute zuzuhören, ist mitunter so verstörend. Die des eignen Vorteils wegen ohne eigne Meinung leben. Die Tag für Tag degenerieren, mit jedem Wort Niveau verlieren.

Sie hat einen dunklen Latexanzug an. Meine Fantasie bohrt sich tief in diesen Anzug. Und so kommt es, dass aus den Träumen, die ich träume, kleine Brustwarzenbäumchen wachsen. Sie pflückt ein paar welke Blätter von den Zweigen dieser Brustwarzenbäumchen, legt sie auf das Batman-Video und sagt:

Wird man denn nicht Nihilist / bei diesem ganzen Chlorophyll? / Nein, wie trist / so ein Idyll / doch letztlich ist. / Was hält uns noch in diesem Wald, / warum, weshalb / sind wir noch hier? / Oh, mein Schöner, komm mit mir!

Und wie mein Blick von Zweig zu Zweig in eines Bäumchens Wipfel steigt, raunt mein Vater mir ins Ohr: Mein Junge, diese holde Maid ist ein Tresor, gemacht, um in sich zu bewahren jene kleine Kostbarkeit, die du doch in den letzten Jahren nur zum Pinkeln mit dir trugst. Du bist jung und stark und lugst auf diese wunderschönen Brüste, mein Sohn, ich wüsste …

Papa, unterbreche ich ihn. Papa, bitte, ich möchte nicht, dass du so redest. Du bist mein Vater. Väter sind Vorbilder, sind Idole, sind Lichtgestalten für ihre Söhne, Söhne schauen auf zu ihren Vätern, verstehst du?

Aber er weicht meinen Blicken aus, wird übermütig und klettert auf diesen alten Kachelofen. Mein Junge, ruft er mir zu, merke dir diese Lektion für dein Leben: Wer nicht wagt, der nicht gewinnt!

Und in der Tat ist es gewagt, was er jetzt tut. Sein Übermut führt gar soweit, dass er seinen eher kleinen und nun bloßen, mit zwei Rosen bunt verzierten, tätowierten Hintern zeigt.

Worauf die junge Frau zu ihm geht und eine dieser Rosen pflückt. Und während das Blut meines Vaters nun auf das Batman-Video tropft, sagt sie zu mir:

Dass Kletterrosen heut sogar / auf Hintern wachsen, find ich zwar, / weil ich ja mal Floristin war, / generell ganz wunderbar, / doch ist so ein Naturschauspiel / irgendwie auch recht skurril, / das kommt bestimmt, weil hier mal viel / Niederschlag aus Tschernobyl / vom Himmel auf die Erde fiel.

Aus Tschernobyl?, frage ich verblüfft. Da nimmt sie meine Hand, und während wir Händchen haltend langsam Richtung Ausgang gehen, sagt sie zu mir:

Ist dieser Ort nicht furchtbar trist, wenn man verträumter Hedonist und nicht leidensfähig ist? Oh, mein Schöner, komm mit mir, lass diesen Moloch hinter dir!

Wer nicht wagt, der nicht gewinnt, denke ich und gebe ihr einen Kuss, dann rennen wir die Straße hinunter. Vor der Poliklinik bleiben wir stehen, sie lächelt mich an und sagt: Ich bin Natascha und wer bist du? Einer von vielen stummen Steinen in einem Fluss? Eine Fassung, in der nichts leuchtet? Ein Einband ohne Buch? Ein Staudamm zeitloser Träume? Treibst du auf den Bächen und Flüssen deiner Träume baldriandurchtränkt an das Ufer des Alltags? Träumst du dich manchmal bis zum Substanzverlust?

Und wie sie nun zu tanzen beginnt und ein trauriges slawisches Liedchen singt, kommt ein alter, gebrechlicher Mann auf uns zu und spricht mich an: Leider bin ich mittellos und möcht' doch bloß, ach, möcht' nichts mehr als ein Glas Wasser bitte sehr. Und, oh, wie groß ist meine Not, ach, bitte, eine Scheibe Brot.

Aber ich habe weder Wasser noch Brot für ihn. Und wie ich mich nun umdrehe, um Natascha zu fragen, ob sie nicht … da ist sie weg, spurlos verschwunden, wie vom Erdboden verschluckt.

Herbst: So strauchelte ich durch den Frühling, war des Winters langer Schatten. Nur einmal sah ich Natascha wieder, viele Jahre später, in der Bibliothek, es war ein lauer Herbstabend. Ich hatte *Shades of Grey* in der Hand, und sie meinen Vater, er hatte ein Kostüm an, ein Batmankostüm.

Fräulein Sabines Hinrichtung

Verloben wollt' ich mich mit Inge, / so lief ich in die Stadt, um Ringe / fürs Verloben zu besorgen. / Doch an diesem Montagmorgen, / und das wunderte mich sehr, / war der Markt ein Menschenmeer.

So schob ich mich durch das Gedränge / und schon bald sah ich in der Menge / eine Guillotine stehen / und viele rote Fahnen wehen. / Und meine Nachbarin Sabine / hockte vor der Guillotine.

Sabine, rief ich überrascht. Sabine, das ist gefährlich, gehen Sie da weg, sehen Sie nur, das Fallbeil über Ihnen! Doch auf dem Marktplatz war es sehr laut und Sabine hörte mich nicht.

Und wie ich mich nun weiter durch die Menge bis zur Guillotine schob, bemerkte ich, dass Sabines Hände gefesselt waren. Sabine, rief ich, was ist hier los? Da lächelte sie mich an und meinte:

Nun, ich habe es gewagt, / die Wahrheit habe ich gesagt / und sie damit provoziert / und darum werde ich halbiert. / Doch ich hege keinen Groll, / ich sterbe ja recht würdevoll.

Würdevoll? Es ist nicht würdevoll … geköpft zu werden, wollte ich widersprechen, aber da betrat ein Mann das wacklige Schafott. Mit einer Tüte Tomaten in der Hand sagte er zu Sabine:

Auf Befehl des Präsidenten / soll also dein Leben enden, / doch vorher bringe ich noch Grüße / von deinem Mann, er schickt Gemüse. / Guck mal, hier, ein paar Tomaten, / die würde ich dir noch schnell braten.

Doch sie entgegnete: Ach, nein. Vielen Dank, das muss nicht sein. Ich aß ja, ob der Vitamine, gerade eine Apfelsine. Ja, soeben, noch beim Tanzen, doch ich schluckte sie im Ganzen, so wollte sie mir gar nicht schmecken, sie blieb mir gar im Halse stecken.

Und ich hatte vermutet, sie wäre wütend (wegen ihrer Hinrichtung) und ihr Hals deshalb so dick.

Inzwischen war eine alte Frau aufs Schafott geklettert, sie reichte dem Mann eine Strickjacke und sagte: Herbert, ach, mein lieber Sohn, ich, deine Mutter, ahne schon, dass dich irgendwas bewegt, du wirkst ein wenig aufgeregt, seit du heut aufgestanden bist, ach, bitte, sag, was mit dir ist!

Worauf Herbert seine Mutter zu einem Stuhl führte, der auf dem Schafott stand. Mutti, sagte er leise, du bringst mich hier in eine unmögliche Situation, was sollen denn die Leute denken? Und eben diesen Leuten rief seine Mutter nun zu:

Mein Sohn ist intellektuell – und kulturell sehr int'ressiert und er hat sogar studiert (was mit Design). Und er trinkt gern roten Wein. Und er ist sehr kompetent. Und er spielt ein Instrument (und zwar die Flöte). Und er hört Musik von Goethe.

Goethe also, nickte Sabine, dann wurde ihr Blick ganz leer und sie starrte so vor sich hin und sagte: Wenn ich das Unheil stapeln könnte, das mir im Leben widerfahren ist, dieser Stapel wäre so hoch, dass ich nach den Sternen greifen könnte, wenn ich auf dem Stapel stehe. Verstehen Sie?

Und obwohl ich nicht wusste, ob mir die Frage galt, sagte ich: Ja, Fräulein Sabine, ich verstehe, dann könnten Sie die Sterne vom Himmel holen.

Da trat Herbert einen Schritt vor und sagte (sehr laut, wohl um möglichst resolut zu klingen): Auf Befehl des Präsidenten soll also Ihr Leben enden, Delinquentin, nun, na dann, fang ich mit der Arbeit an.

Sabine lächelte sehr tapfer. Sind Blumen auf Gräbern das schlechte Gewissen der Menschen?, fragte sie. Oder warum lassen wir die Toten nicht in Ruhe?

Dann fiel das Beil der Guillotine und zerschnitt die Apfelsine.

Und vom lauten Jubel der Leute begleitet, rollte Sabines Kopf über den Marktplatz, bis er im Schatten einer alten Linde liegenblieb.

Und während eine Nachtigall / in dieser Linde saß und sang, / und eingeschüchtert vom Krawall / wie eine Mönchsgrasmücke klang, / kaufte ich Verlobungsringe / für mich und meine Freundin Inge.

Und mit den Ringen lief ich dann, / dann gleich zu ihr nach Hause, / da sah ich sie mit einem Mann /

und beide tranken Brause. / Da wunderte ich mich doch sehr, / und als sie sich dann küssten, / da wunderte ich mich noch mehr / und dachte, wenn die wüssten, / wie viel Zucker die da trinken / (hundert Gramm je Fläschchen Brause), / dann sah ich beide höflich winken / und lief unglücklich nach Hause.

Das Rätsel

Vor zwei Tagen hat er durch Zufall erfahren, dass sie ihn seit vielen Jahren mit seinem besten Freund betrügt. Nun überlegt er angestrengt, wie er sich verhalten soll, ja, wie er sie darauf ansprechen soll, ohne die Beherrschung zu verlieren.

Und während er, sich das Gehirn zermarternd, am Küchentisch sitzt und unentwegt Zucker in seinen Pfefferminztee schüttet, kriecht sie lächelnd unter dem Schrank hervor und legt ihm zwei Wollsocken vor die Füße. Das ist ein Rätsel, mein Schatz, sagt sie vergnügt. Wenn du errätst, was die Socken bedeuten, dann hast du einen Wunsch frei.

Einen Wunsch frei, denkt er und kniet sich vor die Wollsocken, um das Rätsel zu lösen. Die eine Wollsocke ist gefüllt mit einer Handvoll frischer Muttererde, die andere mit einem Ringelschwanz und mehreren verrosteten Morsezeichen.

Das ist einfach, sagt er, die beiden Socken sind eine Allegorie, sie stehen für dich und mich.

Eine Allegorie?, fragt sie verblüfft.

Ja, die Socke mit den verrosteten Morsezeichen und dem Ringelschwanz, mein Schatz, das bist du: Der Ringelschwanz steht für das Schwein, an das du mich erinnerst, weil du fett, bequem und hässlich bist. Und die verrosteten Morsezeichen stehen für deine Vergänglichkeit, dein Alter und dein pausenloses dummes Gequatsche. Die zweite Socke aber, wie gesagt, das bin ich. Die Muttererde steht für meine Reinheit, für meine Naturverbundenheit, für meine Kraft und für den Anfang alles Schönen. Richtig? Habe ich das Rätsel gelöst? Habe ich jetzt einen Wunsch frei?

Sie hat einen Gesichtsausdruck, den er als Verlegenheit interpretiert. Er ist erstaunt, wie überlegen er sich ihr plötzlich fühlt, wie egal sie ihm in diesem Moment ist. Er packt ein paar Sachen zusammen und verlässt ein letztes Mal die gemeinsame Wohnung. Er wird sie nie wiedersehen, er wird nie erfahren, was es mit den beiden Socken auf sich hatte.

Der Schummler

Korbinian Schaffelhuber ist 31 Jahre alt, als er von seinen Eltern erfährt, dass sie ihn als Kleinkind adoptiert haben. Sie erzählen es ihm, während sie – wie jeden Dienstagabend – zusammen mit Tante Hannelore in einem Wirtshaus im bayrischen Coburg sitzen und Schafkopf spielen.

Ich wurde adoptiert, denkt Korbinian Schaffelhuber und lächelt.

Er lächelt, weil es ihm egal ist, dass seine Eltern nicht seine leiblichen Eltern sind. Was für ihn zählt, ist die Liebe, die sie für ihn empfinden; die Hingabe, mit der sie ihn großgezogen haben; die Behutsamkeit, mit der sie ihn früher durch sein Leben führten und mit der sie ihn heute durch sein Leben begleiten.

Aber während Korbinian Schaffelhuber da nun so sitzt und lächelt, spricht seine Mutter weiter, erzählt sie ihm, dass er eigentlich Ronny Schulze heißt und aus dem Osten, aus der Nähe von Dresden, stammt.

Ich komme aus dem Osten?, fragt Korbinian Schaffelhuber entsetzt. Sofort ist ihm bewusst, was das bedeutet: Seine Chancen sind nun noch schlechter, mal bei *Wer wird Millionär* als Kandidat teilnehmen zu dürfen, oder bei irgendeiner anderen Quizshow im deutschen Fernsehen. Oder Karriere in der Politik zu machen. Oder Schützenmeister im

Coburger Schützenverein zu werden. Noch nie zuvor in seinem Leben hat er sich dem Schicksal so ausgeliefert gefühlt.

Ich komme aus dem Osten?, fragt er wieder und erhebt sich schwerfällig vom Tisch und taumelt weinend nach Hause.

Auf dem Heimweg überlegt er, ob er seiner Frau, die er doch sehr liebt, seine Herkunft verschweigen sollte. Zwar führen die beiden eine glückliche Ehe, aber er hat Angst – große Angst –, dass ihn Maria verlässt, wenn sie erfährt, dass er Ronny Schulze heißt und aus dem Osten stammt.

Maria, ich heiße Ronny Schulze und ich stamme aus dem Osten, fällt er Maria schluchzend in die Arme.

Natürlich verlässt ihn Maria nicht, sie tröstet ihn, sie versichert ihm ihre Liebe, sie redet ihm ein, man könne in Deutschland trotz einer ostdeutschen Herkunft ein relativ würdevolles Leben führen, und es müsse ja niemand erfahren.

Am nächsten Morgen hat Korbinian Schaffelhuber einen Termin bei einer Urologin. Seit fünf Jahren sind er und Maria verheiratet, ebenso lange bemühen sie sich schon erfolglos um Nachwuchs. Und um mal abklären zu lassen, ob er denn überhaupt zeugungsfähig ist, hat er sich diesen Termin besorgt.

Viele und vor allem ältere Männer sitzen im Wartezimmer der Praxis. Eine Schwester gibt ihm einen Plastikbecher und schickt ihn damit auf Toilette.

Und ohne sich weiter Gedanken zu machen, geht Korbinian Schaffelhuber aufs Klo und holt sich einen runter, dann stellt er den bemerkenswert vollen Becher auf ein kleines Schränkchen neben der Tür und nimmt wieder Platz im Wartezimmer.

Wenig später erfährt er von der Schwester, dass sie eine Urin- und keine Spermaprobe von ihm haben wollte. Ich heiße Ronny Schulze und ich stamme aus dem Osten, rechtfertigt er sich und fährt in die Firma.

Korbinian Schaffelhuber mag seine Arbeit. Er ist bei einem mittelständischen Automobilzulieferer beschäftigt und macht sich berechtigte Hoffnungen auf eine baldige Beförderung. Ich heiße Ronny Schulze und ich stamme aus dem Osten, verrät er seinem Chef Walter beim Mittagessen.

Ich heiße Ronny Schulze und ich stamme aus dem Osten, denkt er, als er am Ende der Schicht von Walter erfährt, dass es Umstrukturierungen in der Firma gebe und er erst einmal doch nicht befördert werden könne.

Traurig, enttäuscht, verzweifelt fährt er nach Hause. Traurig, enttäuscht, verzweifelt steht er im Wohnzimmer seines leergeräumten Hauses. Traurig, enttäuscht, verzweifelt liest er den Brief, in dem ihm Maria mitteilt, dass ihr ihre Reputation sehr wichtig sei und sie deshalb die Scheidung wolle.

Ich heiße Ronny Schulze und ich stamme aus dem Osten, denkt er, nimmt sein Telefon und sucht auf einer Seite für Kochrezepte nach einem Soljanka-Rezept. Dann fährt er über die nahe gelegene Grenze nach Thüringen, um in einem Konsum die Zutaten für die Soljanka einzukaufen.

Doch als er nun zum ersten Mal in seinem Leben in einem der neuen Bundesländer ist, wird er von seiner Angst begleitet. Er hat Angst, dass er mit seinem BMW auf den gepflasterten Straßen in ein Schlagloch fährt. Und er hat Angst vor den Nazis, die es hier überall gibt.

Umso überraschter ist er, dass die Thüringer Straßen asphaltiert sind. Und dass er keine Nazis sieht – keine Skinheads, keine Bomberjacken, keine Springerstiefel, nirgends.

Als er dann im Konsum nach den Zutaten sucht, sieht er eine lächelnden Kundin. Er ist überrascht, eine lächelnde Ostdeutsche zu sehen. Nein, das hatte er nicht erwartet. Aber wenn die lächelt, vermutet er, dann ist die ja vielleicht aus dem Westen.

Er braucht eine Weile, bis er alle Zutaten gefunden hat. Ich heiße Ronny Schulze, ich stamme aus dem Osten und ich werde mir heute Abend eine Soljanka kochen, erzählt er der Kassiererin.

Irritiert blickt sie ihn an, legt ihm das Wechselgeld aufs Kassenband und schenkt ihm eine Banane.

Und als er dann im Auto sitzt und die Banane isst, fragt er sich, ob seine Eltern wohl wissen, wie eine Soljanka schmeckt. Sie sollen sehen, wie sehr ich sie liebe, darum werde ich heute Abend für sie kochen, denkt er und fährt zu ihnen.

Aber seine Eltern haben schon gegessen. Und statt nun für sie zu kochen, erfährt er von ihnen, dass er doch nicht adoptiert wurde. Dass sie sich im Wirtshaus nur einen Spaß erlaubt haben. Weil er beim Schafkopf geschummelt hat.

Ich heiße Korbinian Schaffelhuber und ich stamme aus dem Westen, freut er sich. Doch bei aller Freude darüber, aus dem Westen zu stammen, ist ihm trotzdem bewusst, wie dramatisch sich sein Leben in den vierundzwanzig Stunden, in denen er Ronny Schulze aus Dresden war, zu seinem Nachteil verändert hat. Zum Glück ist der Spuk vorbei, denkt er und isst eine Brezel.

Hallelujah

Ein Gangsta-Rapper-Pärchen (Iryna & Bruno, neunzehn und zwanzig Jahre alt) fährt in einem gestohlenen Fiat Panda durch Halle Neustadt und schweigt so vor sich hin. Als Bruno eine rote Ampel überfährt, spricht ihn Iryna darauf an:

Alta, was tust du, ey, die Ampel stand auf Rot. / Wenn uns die Bullen ›hallo‹ sagen, sind wir tot. / Du Hurensohn, dieses Vehikel ist geklaut, / von so viel Dummheit krieg ich richtig Gänsehaut.

Deine Mutta kriegt richtig Gänsehaut, entgegnet Bruno, während sein starrer Blick weiter Fahrbahnmarkierungen einsammelt. Im Scheinwerferlicht entgegenkommender Autos verlieren sich seine Gedanken.

Iryna aber findet es seltsam, dass Bruno so zurückhaltend auf ihre Lines reagiert. Sie spürt, dass ihn etwas bedrückt. Und drum fragt sie ihn:

Joutschiggebuhmbuhm, ey, was geeeeht mit dir? / Du Muttikind! Ey, hast du ’n Problem mit mir? / Ey, warum bist du heut so pathologisch? / Alta, sprich dich aus, sonst wird das chronisch!«

Tatsächlich hat er etwas auf dem Herzen. Und jetzt, in der Enge der Fahrgastzelle dieses geklauten italienischen Kleinwagens, scheint die Gelegenheit ganz passend zu sein, sich mitzuteil’n.

Na ja, sagt er, ich war zu dir nicht ehrlich, / doch Unaufrichtigkeit ist halt gefährlich, / dann wird das Leben nämlich krass beschwerlich, / und wenn ich nicht die Wahrheit sage, sterb ich.

Da kriegt Iryna Angst und sagt: Du Opfer, / ich ficke dich mit meinem Teppichklopfer. / Betrügst du mich mit irgendeiner Hure? / Dann mach ich aus der Bitch 'ne Friedhofsfuhre!

Doch sie tut ihm Unrecht, wenn sie vermutet, er würde sie mit einer anderen betrügen. Den Kopf schüttelnd, spricht er weiter:

Das ist es nicht, ich hab dich nicht betrogen. / Wenn das so wäre, ginge ich zum Psychologen. / Aber weißt du, dieses Gangsta-Rapper-Ding, / das löst Gefühle in mir aus, wie in 'nem Hering, / der leidend, langsam sterbend, in 'nem Netz hängt, / und das, obwohl sein Leben doch erst anfängt. / Die Einstellung der Leute macht mich müde, / mich stört die homophobe Attitüde, / und immer gehts um Geld, Macht und Gewalt, / und ständig wird 'ne dumme Bitch geknallt. / Iryna, tut mir leid, das fickt mein Leben, / für mich ist Gangsta-Rapp echt voll daneben.

Da sagt Iryna irritiert: Hä? Aber … ? Was? / Du findest …? Voll daneben? Ist ja krass.

Und er sagt: Ja, ich wollte nur dazugehören, / ich wollte streiten, provozieren, mich empören. / Doch wenn ich ehrlich bin, im Großen und im Ganzen, / mag ich statt Geld und Autos lieber Pflanzen, / und ganz besonders liebe ich Lavendel / und die Musik von Georg Friedrich Händel. / Nein, ich brauche keine sexuellen Orgien, / ich höre lieber Händels Oratorien. / Oh, wie gebannt ich seinen Stücken lausche, / oh, wie ich mich an seinem Werk berausche. / Und die Concerti Grossi Opus 3 / sind fast so schön wie du; bitte verzeih, / dass ich dich mit seinem Werk vergleiche, / doch wenn ich über deine Wangen streiche / und wenn ich deine Ohrläppchen berühre, / und wenn ich dich, und wenn ich dich verführe, / dann würde ich dabei gern Händel hören, / und nur aus Angst, dich damit zu verstören, / bitte, bitte, bitte ich dich nie darum, / und der Messias ist mein Lieblingsoratorium. / Nein, ich brauche keine sexuellen Orgien, / ich höre lieber Händels Oratorien. / Iryna, du, ich … ich …

Plötzlich stockt Brunos Stimme, sie stockt wie der Verkehr auf dieser langgezogenen, von schlanken Zeilenbauten spalierten Straße, die sich durch die Trabantenstadt zieht. Zögerlich, beinahe ängstlich sucht Brunos Blick Irynas blasses Gesicht; ihre Mundwinkel zucken, sie holt tief Luft und sagt:

Nun lieben wir uns schon seit fast zwei Jahren, / doch heute erst gelingt das Offenbaren, / das ist besonders schlimm, wenn man bedenkt, / dass Händels Werk ja mir auch Freude schenkt. / Ich fühle, was du sagst, in gleicher Weise, / denn Händels Werke sind es, die ich preise. / Oh, Händels Agrippina, meine Güte, / sie ist des Operngartens schönste Blüte. / Und bräuchte ich zum Glücklichsein ein Pendel, / ich schnitzte es aus einem Werk von Händel! / Halleluja! Bruno, oh, ich schniefe / (vor Glück), ob deiner klaren Worte Tiefe!

Und während Iryna nun tatsächlich so vor sich hin schnieft, wirft ihr Bruno irritierte Blicke zu und sagt:

Das mit dem Pendel klang jetzt bisschen komisch, / meinst du das allegorisch-metaphorisch? / Auch wenn du sicher Recht zu haben scheinst, / ey, tut mir leid, ich weiß nicht, was du meinst. / Doch ist mir auch egal – ja, schnitz dein Pendel, / ich bin so glücklich: du bewunderst Händel. / Iryna, du und ich, wir bei…

Da legt sie ihm ihren Zeigefinger auf die Lippen und sagt: Bruno, dein Sprechgesang, und wie du dich dazu bewegst, jetzt kann ich's dir ja sagen, das ist so peinlich, da wirkst du wie ein alter, steifer, weißer Mann aus der Mittelschicht, der über-haupt keine Ahnung von Gangsta-Rapp hat. Viel-leicht unterhalten wir uns lieber ganz normal, hm?

Es vergehen nur ein paar Minuten, bis sie den Fiat Panda ein bisschen vollgetankt wieder ganz in der Nähe der Garage seines Besitzers abgestellt haben. Nie wieder werden die beiden ein Auto stehlen, nie wieder werden sie Gangsta-Rapp hören. Dafür werden sie einmal zwei süße Kinder zusammen haben, einen Jungen (Georg) und ein Mädchen (Friedrich), und beide Kinder werden ein Instrument spielen und beide Kinder werden sich gelegentlich über ihre Eltern wundern, wenn diese spätabends bei einem Glas Wein zusammen auf der Terrasse sitzen und singen: Wir brauchen keine sexuellen Orgien, wir hören lieber Händels Oratorien. Wir brauchen keine sexuellen Orgien, wir hören lieber Händels Oratorien. Wir lieben, lieben sexuelle Orgien und hören dabei Händels Oratorien.

Willi Wolf

Seit Willi Wolfs Frau Lisel vor einem Jahr gestorben ist, lebt er, einundneunzigjährig, allein und zurückgezogen in seiner kleinen Zweizimmerwohnung eines in den neunzehnhundertfünfziger Jahren gebauten Mehrfamilienhauses am Rand der Stadt. Er hat gerade Kartoffelbrei mit Fischstäbchen gegessen, jetzt sitzt er im Wohnzimmer, guckt Fußball und wundert sich, dass der Kommentator des Fußballspiels versucht, den deutschen Nachnamen des französischen Nationalspielers französisch auszusprechen. Warum nur, fragt sich Willi Wolf, spricht der Kommentator diesen deutschen Familiennamen denn nicht einfach deutsch aus? So klingt das doch wirklich albern.

Schließlich hat Willi Wolf genug, er macht das Fernsehgerät aus, steht auf und humpelt ins Bad. Den französischen Namen eines Deutschen, dessen Vorfahren aus Frankreich stammen, denkt er, sprechen hier doch auch alle französisch aus. *Lafontaine* zum Beispiel, oder *de Maizière*. Dann humpelt er ins Schlafzimmer. Er stellt die Pantoffeln vor das Nachttischschränkchen, zieht den Schlafanzug an und legt sich ins Bett.

Am nächsten Morgen verlässt er zeitig die Wohnung. Er pflückt vor dem Haus eine Chrysantheme, steckt sie vorsichtig in die Innentasche seines Mantels, knöpft den Mantel zu und humpelt zur Sparkasse.

Wenig später hat Willi Wolf seinen Dauerauftrag zur Überweisung des Rundfunkbeitrages gelöscht. Er ist ein bisschen stolz auf sich, dass er den Automaten noch selbst bedienen kann, andere in seinem Alter können das nicht mehr.

Obwohl es ja gar nicht mehr so viele in meinem Alter gibt, denkt er, als er die Sparkasse verlassen hat. Der Wind weht ihm kalt ins Gesicht; er zieht seine Mütze etwas tiefer über die Ohren und humpelt ohne Eile zum Friedhof.

Willi Wolf ist gern auf dem Friedhof, vor allem der Ruhe wegen, aber auch, weil er hier gelegentlich mit Menschen ins Gespräch kommt. Vor Lisels Grab bleibt er stehen.

Er knöpft die oberen Knöpfe seines Mantels auf, greift in die Innentasche und zieht die gepflückte Chrysantheme vorsichtig heraus. Ich habe dir ein Gedicht geschrieben, Lisel, sagt er mit brüchiger Stimme, es heißt: Die Chrysantheme bei uns daheeme. Er schmunzelt über den Titel seines Gedichtes, dann legt er die Chrysantheme auf das Grab und sagt das Gedicht auf: Lisel, stell dir mal vor, / man nehme dem Humor / die Heiterkeit / … oder dem Besteck / das Messer weg. / Oder man nehme / einer Chrysantheme / all ihre Knospen / oder dem Osten / den Sonnenaufgang / … oder gar der Zeit / die Vergänglichkeit. / Oder man nehme / einer Chrysantheme / all ihre Blüten / oder Prototypen / die Ypsilons / … oder noch krasser: / einem Meer das Wasser. / Oder man nehme / einer Chrysantheme / all ihre Blätter / oder dem Wetter / den Sonnenschein. / So fühle ich mich, / Lisel, ohne dich.

Willi Wolf versucht zu lächeln. Aber Tränen rollen über seine Wangen. Und weil er nicht möchte, dass Lisel ihn weinen sieht, wischt er sich die Tränen eilig aus dem Gesicht.

So steht er noch eine Weile vor Lisels Grab. Als es zu regnen beginnt, verabschiedet er sich von ihr und humpelt nach Hause.